우리는
기부자 모금
합니다

행복한 기부 경험이 만드는 요즘 모금 트렌드

우리는 기부자 모금합니다

초판 1쇄 발행 2021년 2월 8일

지은이 정종민
펴낸곳 컨텐츠조우
펴낸이 최재용
출판등록 2018년 3월 29일 제 2021-000003호
주소 서울시 도봉구 우이천로50길 28-3
전화 02-310-9775
팩스 02-310-9772
전자우편 jowoocnc@gmail.com

ⓒ정종민 2021
ISBN 979-11-911730-0-0

우리는 기부자 모금합니다

정종민 지음

컨텐츠조우

서문

잉어빵이 잘 팔리는 가게의 비법은?

    브랜드 컨설팅으로 잘 알려진 한 대표가 어느 날 어린 딸과 함께 차를 타고 가고 있었다. 집으로 갈 때면 항상 두 곳의 잉어빵 가게를 지나치게 되는데 작은 동네에 잉어빵 가게가 두 개나 있으니 장사가 쉽지 않으리라 예상되었다. 그런데 가만히 보니 한 가게는 사람들이 별로 없는데 노부부가 하는 다른 한 가게는 사람들이 꾸준히 오는 것이다. 그는 이 광경이 매우 신기했고 점점 궁금증이 커지던 중 한번은 딸에게 물어보았다. "왜 저기 할아버지랑 할머니가 하는 가게는 잉어빵이 잘 팔릴까?" 딸은 왜 그것도 모르냐는 듯이 잠시 쳐다보며 한마디를 툭 던졌다. "팥이 꼬리까지 들어 있어!"

    1990년대 중반 대학에서 사회복지를 공부할 당시만 해도 사회복지사가 가는 곳은 대체로 복지관이나 시설이었다. 그 당시 사회복지영역은 눈에 띄게 성장하는 모습을 보인 반면, 비영리 영역은 규모나 활동 면에서 크게 주목받지는 않았다. 지금은 전 세계 수십 개국에서 사업장을 운영하는 국제구호단체를 비롯해 크고 작은 많은 비영리단체들이 광범위한 영역에서 활동하고 있고, 사회복지뿐 아니라 다양한 전문성을 가진 수많은 사람이 함께 뛰고있다. 나는 어쩌다 보니 NGO에서 온라인 모금을 하며 비영리 영역에 첫발을 내딛게 되었고, 시간이 흘러 돌아보니 기부자 관리 분야에서도 거의 10년을 일하게 되었다. 지난 30년간 비영리 영역의 눈부신 성장은 시민사회의 성숙과 기부문화의 확대가 있었기에 가능했다. 그러나 한편으로는 과열된 모금 활동, 일부 비정상적인 단체의 기부금 유용문제 등 성장 이면에 우리가 돌아보고 보완해야 할 부분이 있음을 알게 되었다.

비영리단체의 모금 규모는 매우 커졌으며 정기 기부자도 상당히 증가하였으나, 대부분의 비영리단체에서는 기부자 관리를 꾸준히 잘해내기란 쉽지 않다. 단체들은 항상 해야 할 일은 많고 인력은 충분하지 않다. 모금과 사업을 진행하고 각종 행정업무를 하느라 기부자 관리는 뒷전으로 밀리기도 하며 담당자의 이직이나 발령이 있기라도 하면 한동안 기부자 관리는 멈추게 된다. 여기에 업무 인수인계가 넉넉한 시간 속에서 가능하지도 않고 업무 매뉴얼은 없는 경우가 대부분이다. 한때는 담당자의 개인적인 노력으로 기부자 관리가 잘 이루어졌다 해도 담당자의 부재로 다시 원점에서 기부자 관리를 시작하는 일도 빈번히 발생 한다. 그리고 기부자 관리를 교육받을 수 있는 과정이나 기관도 거의 없을뿐더러 상당수의 단체는 기부자 관리에 대한 개념이나 중요성을 잘 인식하지 못하고 있다. 더 심각한 것은 후원금이 잘 출금되고 기부금 영수증을 발급하는 수준으로 기부자 관리를 알고 있는 경우가 흔하다는 사실이다.

우리나라에는 규모 있는 해외 구호 단체를 비롯해 수많은 비영리단체들이 존재한다. 단체 사업이 다른 단체와 차별화되고 경쟁력을 갖추지 못하면 사업을 장기간 펼쳐나가기 쉽지 않다. 이러한 환경에서 기부자 관리가 잘 이루어지지 않으면 어떻게 될까? 한번은 단체의 정기 후원자들을 대상으로 모바일 설문 조사를 시행한 적이 있다. 현재 후원하는 단체 외에 다른 단체에도 후원하고 있는지를 물어봤는데 약 30%의 후원자가 이미 타 단체도 후원 중이었다. 어떤 단체는 그런 후원자가 전체의 50% 정도라고도 한다. 대부분의 단체가 이와 비슷할 것이다. 열정 있는 기부자일수록 기부에 관심이 많으므로 후원하는 단체 수가 다른 일반적인 기부자보다 더 많을 것이라는 예측도 가능하다. 기부자 관리가 잘 이루어지지 않으면 단체에 대한 신뢰도는 다른 단체에 비해 떨어질 것이고 기부자는 언제든 더 신뢰할 수 있는 단체를 찾아 후원할 것이다. 신규 기부자 개발은 한번 이루어지지만, 기부자 관리는 짧게는 몇 개월에서 10년, 20년 또는 평생 이루어질 수도 있다. 만약 이 책을 읽는 독자가 비영리단체에서 일하고 있는 사람이라면, 독자가 단체에서 일하는 기간보다 기부자가 더 오랫동안 단체를 후원할 수도 있는 것이다.

서두에서 언급했던 잉어빵 가게 노부부는 마케팅을 공부하신 분들이 아니라는 것을 우리는 쉽게 예상할 수 있다. 그럼 왜 단팥을 꼬리까지 넣었을까? 대부분 잉어빵은 단팥이 꼬리까지 들어가지 않는다. 한번 상상해보자. 손자 손녀 같은 아이들이, 그리고 자식같은 사람들 이 잉어빵을 먹으러 온다. 노부부는 생계를 위해 잉어빵을 만들지만, 그들을 보면 가족처럼 느껴진다. 재료를 아껴야 그나마 이윤을 조금 남길 수 있음에도 그들이 잘 먹는 모습을 보면 행복해진다. 맛있는 팥을 조금이라도 더 넣어줘서 그들이 좋아하는 모습을 보니 즐겁다. 손님들은 인자하고 팥을 많이 넣어주는 할아버지와 할머니가 좋다. 노부부의 손길을 거친 "꼬리까지 가득 채워진 팥"은 세상 맛있는 잉어빵으로 태어난다. 적어도 동네에선 가장 인기 있는 행복한 잉어빵이다. 그런데, 이런 잉어빵이 어느 날 갑자기 나왔을까? 노부부가 처음부터 알고 있었을까? 노부부의 잉어빵이 나오기까지 많은 시행착오와 사람들의 외면이 있었을 것이다. 오히려 다른 사람들이 준비하는 것보다 더 오랜 시간 속에서 어려움을 거치지 않았을까?

　　물론 단순한 상상일 뿐이다. 실제로는 컨설팅을 받아 고도의 마케팅 전략을 펼친 것일 수도 있다. 하지만 중요한 것은 사람들은 꼬리까지 정성스럽게 팥이 담긴 잉어빵을 먹으러 온다는 것. 작은 차이로 잉어빵은 사람들의 외면을 받을 수도 있고 동네에서 가장 많은 인기를 누릴 수도 있다. 그렇다면 수많은 단체 중에서 기부자가 굳이 계속 후원할 단체를 찾는다면 어느 단체일까? 노부부의 잉어빵처럼, '작은 차이지만 중요한 차이'를 만드는 것이 기부자 관리이다. 기부자는 자신과 언제든지 소통할 수 있고, 자신의 이름을 불러준 단체를 계속해서 후원할 것이다. 정기적으로 사업결과를 투명하게 보고하고 기부자와 함께하는 기회를 만들어가는 단체를 오래 기억할 것이다.

기부자 모금은 기부자 관리에서 시작한다. 기부자 관리가 없는 기부자 모금은 있을 수 없다. 성공적인 기부자 모금은 기부자 관리를 통해서 쌓여진 기부자와의 신뢰관계에서만 가능하다. 더구나 포스트 코로나 시대를 사는 지금, 비영리단체는 새로운 변화에 직면하고 있다. 코로나로 인해 직접 대면이 어려워진 상황에서 모금은 이전처럼 활발하게 추진하기 어려우며 사업도 이전과 같은 방법으로는 한계가 있다. 이미 치열해진 모금환경에서 코로나라는 큰 변화를 맞게 되면서 기부자 관리는 더욱 중요해졌다. 기부자들은 어려워진 경제여건에서 후원을 지속할지 망설일 수 있고, 단체는 후원의 필요성과 사업의 신뢰성을 높여야 하는 과제를 안게 되었다.

이 과제를 충실히 수행한 단체는 기부자가 단순한 기부자가 아니게 될 것이라고 확신한다. 공식적으로, 또 정서적으로 단체의 멤버십을 가진 기부자가 될 것이다. 이 책에서는 이런 멤버십을 소유한 기부자들과 모금을 함께하는 행복한 단체를 만드는 방법을 고민하고자 한다. 사람들이 꼬리까지 팥이 들어간 잉어빵을 찾아가는 것처럼, 기부자 관리에 관심을 가진 분들에게 작지만 소중한 도움이 되어 기부자에게 좀 더 다가갈 수 있는 기회가 되고, 비영리단체가 모금을 통해 기부자에게 행복한 기부 경험을 만들어 줄 수 있기를 간절히 바란다.

"기부자 모금은 기부자와의 좋은 신뢰관계에서 출발한다."

⦿책을 읽기 전에

이 책은 다음의 사람들을 위한 책이다.

1. 비영리단체의 기부자 관리 업무를 하는 이
1. 비영리단체의 모금 업무를 하는 이
1. 비영리단체를 총괄 관리하는 이
1. 비영리단체의 모금과 기부자 관리에 관심 있는 이

이 책은 위의 사람들이 기존 기부자 관리를 체계화, 전문화 함으로서 비영리단체의 기부자들이 긍정적이고 감동적인 기부 경험을 하고 그것을 통해 그 단체의 진정한 멤버십이 되어 기부자 모금이 활성화되는 모델을 꿈꾸며 쓰여졌다.

비영리단체의 유형이 다양하듯 단체들의 규모와 목적 또한 천차만별이다. 이 책은 기부자 관리를 설명함에 있어 다음과 같은 가상의 팀을 설정하였다.

<A재단 기부자 관리팀>

팀원 1 기부자 서비스	정기 소식지를 포함한 각종 우편물/메일/문자발송, 기부자 행사 등 기부자 예우와 관련된 업무
팀원 2 후원금 관리	정기 및 일시 후원금 출금/입금, 기부금 영수증 처리 등 후원 물품 및 후원금 관리 업무
팀원 3 콜 업무	정기 기부자 전화응대, 미납 및 출금 오류 전화 안내, 주로 기부자와 관련된 전화 업무

만약 규모가 작은 단체에서 1명의 직원이 기부자 관리를 전담하고 있다면 기부자 서비스, 후원금 관리, 콜 업무 등을 함께하고 있을 것이고, 규모가 큰 단체라면 업무 담당자 수가 많아지고 팀이 더 세분화될 것이다.

본문은 3단계 Step으로 구성되어 있다. Step1 '기부자 관리를 돌아보자!' 에서는 우리가 그동안 기부자 관리를 잘 알고 있었는지, 잘하고 있었는지를 우선 살펴본다. 그리고 이어지는 Step2 '기부자 모금, 시도해 보자! 와 Step3 '기부자 모금 발전시켜 보자! 를 통해 기부자 모금의 과정과 실제, 성과분석 및 발전 전략에 대해 이야기할 것이다. 그리고 마지막에 수록된 Basic Step '기부자 데이터 관리 에서는 비영리단체에서 실제로 많이 사용하는 프로그램을 예로 체계적인 데이터 관리 과정을 제시하고자 한다.

이 책에서는 마케팅의 개념과 사례를 선별적으로 일부 인용하여 기부자 관리를 설명하고 있다. 이는 전형적인 마케팅의 관점과도 차이가 있고 기존의 기부자 관리를 조명하는 방식과는 다른, 이 책의 저자가 새롭게 제시하는 관점이다. 책에서 제시하는 기부자 관리에 대한 기본적인 접근 방법은 CRM(Customer Relationship Management, 고객관계관리)으로서, 일반적인 대중 마케팅(Mass Marketing)이나 세분화 마케팅(Segmentation Marketing)이 아닌 데이터베이스 마케팅(DB Marketing)에 그 근거를 두고 있으며, 단체에 후원 중인 정기 기부자를 대상으로 한 모금, 즉 기부자 모금에 대한 접근도 마찬가지다. 그리고 한 걸음 더 나아가 비영리단체의 CRM은 '멤버십에 기반을 둔 CRM'이어야 한다고 보고 있다. 이는 비영리단체의 기부자는 단순한 기부자가 아니라 멤버십을 가진 기부자이기 때문이다.

CONTENTS

Step 3. 기부자 모금, 발전시켜 보자!

step 1. 기부자 관리를 돌아보자!

우리는

기부자

모금합니다

01. 기부자 관리는 무엇일까?

　　여러 NGO에서 오랜 기간 기부자 관리를 하면서도, 이 업무를 정의하거나 업무의 가치에 대하여 구체적으로 정리해본 적이 없었다. 일이 맡겨져서 할 때가 많았고 새로운 과업을 수행하느라 늘 바쁘기만 했다. 대부분의 비영리 기관 종사자들이 이와 비슷하지 않을까 한다. 경력이 점차 쌓이면서 기관 내, 외부 직원들을 대상으로 기부자 관리 교육을 꾸준히 해왔으나, 막상 책을 쓰려고 하니 어떻게 이 업무를 정의하고 어떤 관점에서 일해 왔는지 본질적인 질문에 대한 답이 부족했던 것을 스스로 알게 되었다. 그동안의 기부자 관리를 돌아보며 우선 기부자 관리의 기본적인 개념들과 함께 그동안 현장에서 느낀 점들을 정리해 본다.

기부자 관리란?

　　모금 쪽 일을 하다 보니 마케팅 교육을 수시로 받았다. 한 강의에 참여했을 때 강사님은 "마케팅이란?"이라는 질문으로 강의를 시작하였다. 수많은 마케팅 강의를 들어온 나였지만 마케팅의 정의에 대한 질문에 선뜻 만족할 만한 대답이 떠오르지 않았다. 강사님은 마케팅과 조직경영의 대가인 피터 드러커의 마케팅 정의를 인용하며 이렇게 소개하였다.

마케팅이란 "소비자가 상품을 구매할 수 있는 여건을 조성하는 활동"이다.

"상품을 구매하게 만든다.", "상품 구매를 촉진한다."라는 말은 들어가 있지 않다. 피터 드러커가 강조한 것은 "구매할 수 있는 여건"이다. 구매할 여건만 된다면 소비자는 상품을 산다는 뜻이다. 그래서 마케터는 "구매 여건을 조성하는 일"만 하면 된다. 정의는 매우 쉽고 명쾌하다. 소비자의 구매 동기를 잘 찾아서 구매 환경을 조성한다면 굳이 홍보하지 않아도 매출은 올라가는 것이다. 이러한 피터 드러커의 마케팅 정의를 기부자 관리에 적용해보면 어떨까?

일반적으로 기부자 관리는 매월 정기적으로 후원하는 정기 기부자를 대상으로 한다. 이러한 월 정기 기부자는 자신이 원하는 금액을 원하는 기간 동안 자발적으로 후원한다. 단체는 월 정기 기부자가 편리하게 후원할 수 있도록, 그리고 좀 더 오랜 기간 후원하도록 관리를 하게 되는데 이것이 기부자 관리이다. 피터 드러커의 정의를 인용하여 기부자 관리를 이렇게 정의할 수 있다.

기부자 관리란 "정기 기부자가 후원을 지속할 수 있는 여건을 조성하는 활동"이다.

후원을 지속할 수 있는 여건을 잘 조성한다면, 후원 중단

없이 단체 후원은 계속된다고 볼 수 있다. 기부자 관리는 기부자가 후원을 지속하도록 돕고 후원 중단을 방지하여 단체의 사업이 장기적이고 안정적으로 진행되도록 하는 것이다. 매우 명확하고 간단하다. 기부자가 후원을 지속할 수 있는 여건을 조성하면 된다.

무엇이든 개념 정의는 명쾌하고 단순할수록 훌륭한 것이지만, 반면에 이를 실천하기 위한 노력은 만만치 않은 듯하다. 지금부터 기부자 관리를 기부자가 후원을 지속할 수 있는 여건을 만드는 관점에서 살펴보자.

기부자 관리의 목적

무엇을 위해 기부자 관리를 하는 것일까? 단체의 사업을 기부자에게 알리기 위해서일까? 더 많은 정기 후원금의 출금을 위해서일까? 매년 초에 기부금 영수증을 발행하기 위해서일까? 장기간의 후원을 유도하기 위해서일까? 이런 목적들도 포함될 수 있지만 후원을 지속할 수 있는 여건이라는 관점에서 보면 기부자가 단체와 가지는 관계의 정도를 발전시켜 나가는 것이 기부자 관리의 목적이라고 할 수 있다.

기부자를 단체와 관계의 정도 측면에서 1) 사업 수행을 위한 기부자, 2) 사업 파트너로서의 기부자, 3) 멤버십으로서의 기부자 등으로 나누어 보았다.

1) 사업 수행을 위한 기부자

사업 수행을 위한 기부자는 단순히 사업을 위해 존재하는 기부자다. 여기서 기부자는 단체 후원만을 위해 존재한다. 기부자 관리는 주기적으로 사업 소식을 전하고, 기부금 처리를 잘하면 된다. 단체는 기부자와 긴밀한 관계를 유지하기 위해 노력할 필요는 없다. 가장 소극적이고 형식적인 관계라고 볼 수 있다.

2) 사업 파트너로서의 기부자

사업 파트너로서의 기부자는 일종의 동업자와 같이 동등한 권리와 위치에 있다. 기부자는 단체의 사업을 살펴보고 후원을 하며, 단체는 충실히 사업을 실행해야 한다. 그러나 파트너들은 사업을 위한 공동운명체이지만, 이해관계가 달라지는 때에는 언제든지 파트너 관계가 깨질 수 있다. 기부자와의 관계는 상호 간 투명한 정보제공과 적절한 연대 수준이면 충분하다.

3) 멤버십으로서의 기부자

멤버십으로서의 기부자는 단체의 비전과 사업에 동의하여 가입한 기부자이다. 만약 기부자가 단체의 비전이나 사업에 동의하지 않는다면 언제든지 탈퇴할 수 있다. 기부자는 단체 경영에 직접 참여할 수도 있지만, 대체로 단체가 목적사업에 맞게 운영되는지 확인하고 후원을 통해 사업에 참여한다고 볼 수 있다. 단체는 기부자에게 투명하게 사업과 회계를 공개해야 할 의무가 있으며 기부자가 궁금하거나 이견이 있으면 언제든지 단체에 물을 수 있는 권리를 가진다.

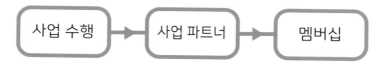

기부자 관리의 궁극적이고 최종적인 목적은 기부자가 멤버십을 가지고 단체의 사업과 운영에 적극 관심을 가지도록 하는 것이다. 기부자가 단순히 사업 수행을 위한 자원, 또는 사업 파트너로서만 남게 해서는 안 된다. 이는 비영리단체로서 가져야 하는 가치에도 부합하지 않는다. 단순한 기부자가 아닌 단체의 멤버십으로서, 단체가 투명하고 건강하게 사업을 잘 수행하는지 관심을 가지는 것은 매우 중요하다. 단체 직원들이 갖는 책임감을 기부자도 함께 가지는 것이다. 이러한 관점은 다소 이상적인 측면도 있으나 기부자의 멤버십 역할이 없다면, 기부자 관리는 그저 단순 행정에 지나지 않으며 전문성과 책무성 없이도 충분히 가능한 일이 된다. 매월 기부자의 계좌에서 후원금을 출금하고, 매년 연말정산을 위한 기부금 영수증을 발급하면 된다. 그러나 기부자 관리는 그리 간단하지 않다. 전문성과 책무성을 가져야 할 뿐 아니라 기부자와 멤버십이라는 높은 수준의 관계를 맺고 이를 지속해야 하며, 신속하고 정확하게 기부자와 관련된 모든 일을 처리해야 한다. 단체의 비전은 단체가 혼자서 이룰 수 없는 것이 대부분이다. 단체를 후원하는 기부자 없이는 불가능하다. 그렇다면 그 비전을 이룰 수 있는 '준비되고 훌륭한 동역자'는 누구일까? 바로 멤버십을 가진 기부자일 것이다.

기부자 관리의 가치

기부자 관리의 가치는 비영리단체가 추구해야 할 기본적인 가치라고 볼 수 있다. 기부자는 아무런 조건이나 보증 없이 단체에 기부한다. 기부자는 눈에 보이는 어떤 상품이나 서비스를 구입하는 것이 아니라 비영리단체의 사업내용을 보고 그 사업을 진행하는 이들을 믿고 후원을 한다. 따라서 단체에 대한 신뢰 없이 후원 관계가 성립되기는 불가능하다. 최근 들어 후원이 일상화되고 비영리 영역을 향한 대중의 관심이 증가함에 따라 비영리단체의 투명성에 대한 요구가 더욱 높아지고 있다. 한편으로는 자칫 비영리단체의 자율적인 활동과 사업의 유연성이 위축되지는 않을지 우려되는 부분도 있긴 하지만 투명성은 비영리단체가 가장 우선적으로 지켜야 하는 가치이다. 여기서는 비영리단체가 지향하는 가치 중 대표적인 몇가지를 기부자 관리 측면에서 살펴보고자 한다.[1]

1) 투명성

'정기적인 사업 및 회계 보고가 있는가? 기부자가 단체에 대해서 충분히 알 수 있는가?'

투명성은 기부자가 단체가 어떤 비전을 가지고 어떤 목적 사업을 하며 예산과 지출이 어떻게 이루어지는지 볼 수 있는 것

---

1 일부 내용은 모금실무 코칭강좌(한국모금가협회)를 참고하였다.

이다. 기부자는 자신의 후원금이 어떻게 사용되고 있는지 확인할 수 있어야 한다. 자신이 얼마나 후원했는지 홈페이지를 통해 언제든지 볼 수 있어야 하며, 자신의 후원사업이 어떻게 진행되고 있는지 소식지 등을 통해 확인 가능해야 한다.

2) 윤리성

'단체의 윤리적 경영(사명 선언서 등)을 실천하는가? 성실한 사업 수행을 이루어가고 있는가? 정기적으로 이사회와 감사를 진행하고 있는가?'

윤리성은 투명성과 직결된다. 투명성이 없이 윤리적일 수 없고 윤리적이지 못한데 투명할 리 없다. 겉으로는 투명하게 보이지만, 사업운영과 단체의 조직문화는 그렇지 않을 수 있다. 모든 기부자는 자신의 단체가 윤리적일 것이라는 전제로 후원을 한다. 윤리성에 의심이 되면, 후원을 시작할 수 없고 후원 중이어도 언제든지 중단할 수 있다. 단체는 윤리적 경영을 위하여 정기적인 이사회 개최와 내·외부 감사를 적절히 진행하고 있는지 기부자에게 알릴 의무가 있다.

3) 의사소통

'단체와 기부자의 소통은 원활한가? 기부자 참여 기회는 제공하고 있는가?'

의사소통의 70% 이상은 시각적으로 보이는 상대방의 행동과 표정에서 이루어진다고 한다. 그래서 말이 통하지 않는 해외에서 그 나라의 언어를 몰라도 웬만한 문제들은 다 해결해나가는 것을 볼 수 있다. 의사소통은 말이 전부는 아니다. 이런 측면에서 단체가 기부자에게 전하는 모든 내용은 의사소통의 시작이며 의사소통 자체라고도 볼 수 있다. 기부자와의 의사소통은 단체에서 보내는 메일, 소식지, 문자, 전화 등이 대표적이며 더 나아가 오프라인에서 진행하는 모임이나 행사 등이 모두 포함된다. 의사소통이 활발하다는 것은 이 모든 방법이 상황에 맞게 적절히 사용된다는 것이다. 무엇보다 기부자가 단체와 직접적인 의사소통을 원할 때 가능해야 한다. 그래서 콜센터(콜 업무) 운영은 의사소통의 꽃이라고 볼 수 있다.

어떤 단체가 투명하다고 말할 때 가장 설득력 있는 사람은 누구일까? 후원하고자 하는 단체가 정직하고 윤리적인지 물었을 때 누구의 말에 귀 기울일까? 단체의 임원이나 직원이 될 수도 있겠지만 아마도 단체를 후원하는 기부자일 것이다. 기부자는 후원하는 동안 단체와 소통하면서 신뢰를 쌓아 간다. 그리고 충분히 두터워진 신뢰가 있어야만 후원을 지속하게 되고 단체를 누군가에게 알리기도 한다. 이를 가능하게 하는 것이 바로 기부자 관리이다. 기부자 관리를 통해 실현되는 가치는 기부자를 통해 확인할 수 있으며, 단체는 기부자와의 신뢰관계 속에서 장기적인 사업과 비전을 실현해 갈 수 있다.

02. 기부자 관리를 잘하고 있는가?

"네 장미꽃이 그토록 소중한 것은, 네가 장미를 위해 보낸 시간 때문이야."_어린 왕자

우리는 얼마나 많은 시간을 기부자들과 보내고 있을까? 동화 '어린 왕자'에서 여우는 "네 장미꽃이 소중한 것은 네가 장미를 위해 보낸 시간 때문이야."라고 말한다. 여우의 말은 기부자 관리에서도 그리 다르지 않다. 관계의 질은 의미 있는 시간의 양에 비례한다. 단체에서 얼마나 기부자에게 관심을 가지고 시간을 투자하는가에 따라 후원의 기간이 달라질 뿐 아니라 단체에 대한 소속감과 멤버십도 크게 차이 날 수밖에 없다. 후원을 시작할 것인지는 기부자의 선택으로 결정된다. 그러나 이후에 얼마나 오랫동안 후원할 것인지는 전적으로 단체가 어떻게 하느냐에 따라 결정된다. 단체가 얼마나 진정성을 가지고 기부자를 관리하는가, 그리고 기부자 한 사람 한 사람과 얼마만큼의 소통과 상호작용을 하느냐는 매우 중요하다. 소소한 소통과 그에 따른 상호작용이 매달, 매년 조금씩 쌓여갈 때 기부자는 단순한 기부자가 아니라 단체의 중요한 구성원으로 성장하고 평생 기부자로 함께 하게 된다. 단체의 생존과 사업은 기부자의 후원으로 결정된다. 기부자가 없다면 단체도 존재하지 않을뿐더러 사업도 있을 수 없다. 이러한 운명과도 같은 관계가 바로 기부자 관리에 의해서 결정된다.

내가 회원관리팀에 배치된 후 처음 했던 일은 지로용지를 출력하는 일이었다. 한번 출력할 때마다 커다란 기계식 프린터에 지로용지를 넣고 미세 조종을 통해 인쇄 위치를 잡아야 하는데 한 번에 정확히 맞추기란 쉽지 않다. 조금이라도 종이가 밀리면 각각의 칸에 들어갈 지로 숫자들이 제대로 들어가지 않게 되고 비싼 지로용지는 휴지통으로 들어가게 된다. 그리고 출력 중에는 소음이 심해서 함께 일하는 팀원들에게 공지한 후 진행하였다. 지금은 지로용지를 직접 출력하는 단체는 거의 없을 것이다. 지로를 출력하더라도 잉크젯 프린터로 조용하고 빠르게 인쇄하거나 외부 전문 업체에 맡겨서 한다. 현재의 기부자 관리는 많은 외부 업체들과의 협력을 통해 진행하고 있고, 업무 프로세스도 이전보다는 훨씬 효율화, 전문화되어 있다.

기부자 관리 업무는 단체의 규모나 성격에 따라 차이는 있겠지만 크게 3가지 체계로 볼 수 있다. 기부자에게 단체 소식을 전하고 기부자 모임/행사를 담당하는 '기부자 서비스' 영역, 기부금 출/입금을 관리하는 '기부금 관리' 영역, 아웃바운드/인바운드 기부자 전화를 응대하는 '콜 업무' 영역이다. 규모가 작은 단체는 한 명의 직원이 진행할 수도 있고, 규모가 있는 단체는 여기에 결연 후원 담당, 기부자 행사/자원봉사 담당, 기부금 통계분석 담당 등이 추가되기도 한다.

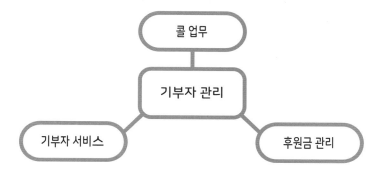

기부자 서비스

　　기부자 관리에서 가장 기본적이고 필수적인 일은 바로 기부자 서비스이다. 최근 기부자 서비스의 업무 형태도 많은 변화를 보인다. 문자발송 예산은 꾸준히 증가했으며 문자와 연결한 모바일 웹이 기부자 의사소통의 상당 부분을 대체하였다. 기부자 행사와 각종 모임 안내, 만족도 조사와 기부금 처리 안내, 생일 축하 메시지, 후원 중단 안내, 후원 감사 문자 등 상당수의 서비스가 문자와 모바일 웹으로 이루어지고 있다. 심지어 정기 소식지도 문자로 발송되어 모바일 웹 또는 PDF 파일 형태로 접하는 기부자가 증가하고 있다.

1) 정기 서비스와 예우 서비스

　　단체마다 진행하는 기부자 서비스와 그에 대한 명칭은 매우 다양하다. 이 책에서는 편의상 정기 서비스와 예우 서비스로 나눠서 보고자 한다. 어떤 단체에서는 기부자 서비스를 통틀어 예우 서비스로 부르기도 하지만, 여기서는 정기(기본) 서비스는 소식지와 같이 모든 기부자에게 정기적으로 제공하는 일반적인 서비스로, 그리고 예우(특별) 서비스는 장기간의 정기 기부자 및 고액 기부자를 대상으로 제공하는 서비스로 구분하였다.

다음은 정기 서비스와 예우 서비스 예시이다.

구분	정기(기본) 서비스	예우(특별) 서비스
대상	전체 기부자	장기 기부자, 고액 기부자
주요내용	정기 소식지 신규 후원 감사 생일 축하 후원 1/2주년 감사	장기 후원 5/10주년 감사 고액 후원 감사
주요방법	문자, 메일	우편, 전화
진행주기	매월 1회	매년 1회

후원 기간 5년을 기준으로 정기 서비스와 예우 서비스로 나누어 보았다. 5년이 절대적인 기준은 아니고, 단체별로 설립 기간이나 상황에 따라 구분해서 정하면 된다. 단체가 설립된 지 오래되고 후원 기간이 길면, 더 긴 기간으로 장기 후원 예우 서비스로 구분해서 진행해도 좋다. 고액 후원 예우 서비스는 후원 액수를 몇 가지 카테고리로 구분해 놓고 그에 맞는 서비스를 미리 정해 놓으면 서비스를 신속하게 제공할 수 있다. 만약 기부자 수가 적다면 정기 서비스의 주요 방법은 우편과 전화가 될 수도 있다. 일반적으로 정기 서비스는 대량으로 많은 기부자에게 수시로 전달하는 서비스이므로 비용 절감을 위해 문자와 메일을 활용하고, 예우 서비스는 단순한 문자나 메일보다는 정성

과 시간을 좀 더 들여서 우편과 전화로 진행하는 것이 바람직하다.

　신규 후원 감사는 되도록 문자 안내뿐 아니라 전화(해피콜)도 함께 하는 것이 좋다. 기부자가 전화를 통하여 단체에 대한 설명을 듣고 궁금한 내용에 답변을 듣게 되면 단체에 대한 신뢰는 높아진다. 일반적으로 후원을 처음 시작한 후 3개월과 3년이 가장 중요하다. 일했던 기관에서 후원 중단 추이를 살펴보았을 때 대체로 후원 3개월 이하, 후원 기간 3년 이하의 기부자가 후원을 중단하는 경우가 가장 많았다. 이를 반대로 설명하면 후원 개시 3개월이 넘어가면 3년까지는 후원이 이어지게 될 가능성이 커지고, 후원 기간 만 3년을 넘어서는 기부자는 5년 이상 장기 후원 기부자가 될 가능성이 크다고 볼 수 있는 것이다. 신규 가입 3개월간의 서비스와 후원 1~2주년 감사 메시지는 이러한 이유에서 매우 신경을 써야 할 부분이다.

　기부자에게 전달하는 서비스 이외에 홈페이지를 통해 기부자가 언제라도 볼 수 있어야 하는 내용이 있다. 단체의 사업 내용, 이사회 개최, 내/외부 행정 및 회계감사 등이다. 이는 단체의 투명성과 윤리성을 담고 있다. 그리고 개인정보보호 정책과 기부자 모임/행사를 홈페이지에 게시해야 한다. 개인정보보호 정책은 기부자가 자신의 개인정보가 어떻게 관리되고 있는지 확인할 수 있도록 해주며, 기부자 모임/행사는 기부자의 관심과 지원으로 단체가 운영되고 있음을 보여준다.

*기부자 정기 서비스
- 정기 소식지
  매월 또는 일정한 간격을 두고 발송되는 단체 소식지
- 연차보고서
  연사업 보고서로 한 해 동안 진행한 사업과 회계 보고
- 기념일 서비스
  신규 후원 감사, 생일 축하, 후원 1~2주년 기념 문자/전화 감
사 메시지
- 그 외 서비스
  기부금 영수증 발행, 결연 아동 소식지, 국내/해외 사업장(지
부) 소식지

*기부자 예우 서비스
- 장기 후원 서비스
  후원 3, 5, 10주년 감사카드(편지) 및 기념품 발송
- 고액 후원 서비스
  단체에서 정하는 일정 금액 이상의 기부자 대상으로 감사편
지/전화

* 홈페이지 게시
- 이사회 개최, 내/외부 행정 및 회계감사, 개인정보보호 정책,
기부자 모임/행사
- 그 외 각종 소식지 및 보고서

기부자 서비스 내용만 보면 기부자 관리는 매우 간단해 보인다. 하지만 기부자 서비스는 기부자 관리의 한 부분이다. 서비스가 진행되기 위해서는 서비스를 기획하고 콘텐츠(스토리)를 만들어야 하며, 기부금 출/입금 관리, 기부자 전화응대, 기부자 모금, 기부자 데이터 관리 등이 함께 이루어져야 한다. 기부자 관리는 어쩌면 비영리단체의 사업 중 가장 복잡하고 섬세한 업무일 것이다.

 Question

기부자 관리 업무가 많아 항상 시간에 쫓깁니다. 어떻게 해야 하나요?

기부자 관리 업무는 반복적으로 처리해야 할 일이 상당히 많다. 반복 업무만 줄여도 업무량을 상당히 줄일 수 있다. 아르바이트(또는 자원봉사자)를 통해서 반송 우편물 또는 미납 기부자 전화 안내를 할 수도 있고, 수시로 발송해야 하는 우편 업무를 맡겨도 좋을 것이다. 되도록 장기간(최소 6개월) 정해진 시간에 책임감을 가지고 할 수 있는 사람이 필요하다. 업무를 배우고 숙달하는 데에도 상당한 시간을 요구한다. 또한, 직원이 할 일과 아르바이트가 해야 할 일을 잘 분리하고, 업무를 최대한 매뉴얼로 만들어 실수가 발생하지 않도록 하자. 기부자 개인정보를 접할 수도 있으므로 보안 교육은 철저히 해야 하며, 계약서 작성 시 개인정보보호에 관한 사항을 반드시 넣자.

그리고 각종 소식지 제작을 건건이 하지 말고 단체의 콘셉트에 맞는 업체를 선정하여 연간 소식지 제작으로 계약을 체결하자. 예산을 절감할 수 있는 동시에 제작에 드는 시간과 노력이 줄어든다. 특히 매달 또는 분기마다 제작해서 정기적으로 발송하는 소식지는 테두리 디자인이나 디자인 콘셉트를 하나로 정한 후 내용만 시기에 맞춰 바꿔 넣어 만드는 것도 좋다. 새롭게 디자인하는 비용도 줄일 수 있으며 제작 시간도 상당히 줄일 수 있어서 업무량을 감소시킬 수 있다.

2) 주요 기부자 서비스 내용

　　기부자 서비스의 가장 오래된 방법은 우편일 것이다. 2000년대 들어서 메일이 새로운 전달 매체로 급성장하며 우편보다 활발해졌지만, 현재는 스마트폰의 대중화로 문자와 모바일 웹이 기부자 서비스의 주요한 전달 매체로 자리 잡고 있다. 우편물과 메일은 점차 축소되는 서비스 방법이 되겠지만 문자와 모바일 웹의 사용은 앞으로 꾸준히 활발할 것으로 보인다. 모바일 메신저의 사용이 점차 확대되어가는 분위기이긴 하나 문자를 대체할 수 있을지는 두고 봐야 할 듯하다. 단체에서는 문자발송 비용이 부담되기 때문에 모바일 메신저를 활용하는 방법이 새로운 대안이 될 수 있을지도 모르겠다. 10년 뒤를 상상해보면, 장소가 어디든 자유롭게 접히는 고화질 디스플레이의 큰 화면으로 단체의 소식지를 영상이나 전자 문서로 보는 시대가 올 것이고 이때는 인쇄물로 된 소식지가 사라질 수도 있다.

　　이처럼 트렌드나 단체의 상황에 따라 다양한 양상을 보이는 것이 기부자 서비스이다. 여기에서는 주요 기부자 서비스 몇 가지를 별도로 선정하여 설명하고자 한다. 가장 대표적인 서비스라고 할 수 있는 '기부금 영수증', 가장 일반적인 서비스 방법 '소식지 제작', 그리고 최근 가장 많이 확대되고 있는 서비스 방법 '문자와 모바일 웹', 마지막으로는 기부자의 욕구를 파악하는 '기부자 만족도 조사' 등을 중심으로 자세히 살펴보도록 하겠다. 각각의 서비스 운영 과정을 잘 이해하면 다른 서비스에도 확대 적용할 수 있는 좋은 방법들이 많을 것이다.

(1) 기부금 영수증

기부금 영수증을 발급하는 일은 기부자 관리의 결실을 거두는 일이지 않을까 싶다. 기부금 영수증은 지난 1년간 후원한 기부자들이 받아야 할 당연한 서비스이다. 기부자 관리를 하다 보면 매년 1월과 5월이 매우 분주해진다는 것을 알고 있을 것이다. 1월은 개인 기부자, 5월은 사업자등록 기부자가 세금공제를 위해서 기부금 영수증을 발급받는다. 이 시즌에는 1년 중 가장 전화가 많이 들어오는 시기이다. 그만큼 일이 많아지기도 하고 생각지 못한 사건이 일어나기도 한다. 기부금 영수증 발급 처리가 잘되고 기부자들이 신속하게 서비스를 받는 모습을 보면 보람도 커지고 기부자에게 감사한 마음도 생긴다. 반면에 기부자가 기부금 영수증을 제때에 받지 못하거나, 미숙한 처리로 인하여 기부금 내역이 잘못 발송되면 송구스럽기도 하고 단체에 대한 신뢰감이 떨어질까 걱정하는 마음이 들기도 한다.

소득공제 시즌이 오면 매년 기부금 영수증을 우편으로 받는 기부자를 먼저 구분하자. 연말이 되면 당해 연도 기부금 마감을 위한 준비와 기부금 영수증 발급 준비로 분주해진다. 가장 기준이 되는 시점은 연말정산 간소화 서비스 사이트 오픈 시기이다. 이때를 기준으로 기부자들의 문의가 증가하고 처리해야 할 일들은 늘어난다. 공식적으로 사이트가 오픈되기 전에 매년 기부금 영수증을 우편으로 받는 기부자 데이터를 추출하고 발송 준비에 들어가는게 좋다. 요즘은 모든 기부자에게 기부금 영수증을 발송하는 단체는 아마도 없을 것이다. 온라인으로 발급하는 것이 더 편하고 익숙한 기부자들도 늘어가고 있고 단체도 우편비용을 절감할 수 있어 가장 효율적이다. 그러나 매년 기부금 영수증을 우편으로 받고자 하는 기부자도 있다. 이러한 기부자에게는 신속하게 우편으로 미리 발송하는 것이 좋다. 한 번이라도 우편으로 요청한 기부자는 반드시 우편 발송으로 체크해 놓자. 그렇지 않으면 기부자가 단체에 매년 전화를 걸어야 하는 불편함이 생기고, 단체에서는 개별적으로 응대해야 해서 신속한 처리가 어려울 수 있다.[2]

기부금 영수증 발송은 그저 단순한 우편 발송 업무로 끝나는 일이 아니다. 변경된 주소와 연락처를 포함한 기부자의 변경된 최신 데이터를 새롭게 업데이트할 수도 있고, 무엇보다 기부자와 직접적인 소통의 기회를 가질 수 있다. 그리고 그동안 확인되지 않은 일부 기부금이 이 시기에 주인을 찾게 된다. 이 시즌을 기부자 데이터의 업데이트 기회로 최대한 활용하자. 1년 중 가장 많은 데이터가 변경되고 잘못된 데이터들이 정리되기 때문이다. 또한, 기부금 영수증으로 문의를 하는 기부자들

---

2 CRM은 마케팅 용어이지만 서비스 및 관리적 측면이 매우 짙다. CRM은 고객별 맞춤식 접근으로서 고객의 성향을 미리 파악하여 먼저 실행하는 것이다. 이전에 기부금 영수증을 우편으로 요청한 기부자에게는 다음 해에 기부자가 요청하기 전에 미리 발송하면 기부자의 만족도는 높아진다. 기부자는 매년 시간을 내어 단체에 전화하지 않아도 되고, 단체는 시간과 에너지를 아낄 수 있다. 이러한 CRM 방법은 고객별 맞춤식 접근이므로 모든 기부자 서비스에 적용하는 것이 바람직하다. 그리고 CRM 방법이 실행되기 위해서는 기부자 관리 프로그램을 활용해야 한다. 이는 기부자의 관리 이력을 통해서 기부자 맞춤형 서비스가 가능하기 때문이다.

에게 한 해 동안 후원해 주심에 감사 인사를 할 수 있는 때이다. 단체가 기부자에게 전화를 걸면 통화가 쉽지 않은데 기부자가 직접 전화를 주니 얼마나 감사한 일인가. 비록 담당자 입장에서는 매우 분주하고 기부자의 컴플레인[3]이 많은 시기이긴 하지만 이렇게 바꿔 생각해 보면 어떨까.

기부자 관리 프로그램을 사용하면 기부금 영수증 처리가 매우 편리해진다. 프로그램이 국세청 사이트와 연결되어 기부금 데이터를 쉽게 업로드할 수 있다. 그러나 프로그램이 없다면 국세청에서 제시하는 양식으로 데이터를 변형하여 직접 올려야 해서 오류 가능성이 크다. 뒤에서도 언급하겠지만, 혹시 기부자 관리 프로그램을 사용하지 않고 있다면 기부자 수의 많고 적음을 떠나서 반드시 기부자 프로그램을 사용하길 권한다. 데이터 유출뿐 아니라 기부자 응대까지 위험하고 불편한 요인들이 한두 가지가 아니다. 이에 대해서는 책의 마지막 부분 Basic Step '기부자 데이터 관리'를 참고해 주길 바란다.

기부자 수에 따라 달라질 수 있긴 하겠지만 기부금 영수증 시즌은 기부자 전화응대로 분주한 시기이다. 기부금 영수증 응대와 처리는 기부자 관리 모든 직원이 함께 처리할 수 있도록 준비하길 바란다. 비록 다른 업무 담당 직원이라도 이 시기만큼

---

3 · 컴플레인과 클레임

-컴플레인: 고객이 상품의 질이나 서비스 따위에 불만족하여 제기하는 불평.
-클레임: 상대가 약정된 계약을 위반함으로써 불평을 넘어서 구제 또는 손해 배상을 청구.

은 함께 하는 것이 좋다. 기부자 입장에서 여러 번 전화를 시도하거나 처리가 미흡하면 컴플레인이 증가하고 단체에 대한 신뢰가 떨어질 수밖에 없다. 기부금 영수증 담당자가 아니더라도 기본적인 응대 방법을 공유해서 최대한 기부자의 불편함을 줄일 수 있도록 전 직원이 노력해야 한다.

(2) 소식지 제작

기부자 관리에서 소식지 제작은 관리 비용 가운데 가장 많이 투입되기도 하고, 기획과 디자인, 최종 마감까지 노력과 정성이 적잖게 들어간다. 여기서 소식지는 정기 소식지뿐 아니라 기부자에게 나가는 우편 형태의 모든 소식지를 말한다. 예산이 넉넉하다면 소식지 제작에 부담이 없겠지만 그런 단체는 거의 없다. 그래서 소식지 제작에 어느 정도 비용을 써야 하는지, 절감 방안은 무엇인지 고민하게 된다. 좋은 재질의 종이를 쓰고 디자인을 멋지게 작업해서 기부자의 만족도가 높아지고 후원을 계속해서 지속한다면야 그렇게 안 할 단체가 어디 있을까? 아마도 모든 단체가 할 것이다. 그러나, 예산이 한정된 상황에서 마냥 좋게만 만들 수는 없고, 반대로 비용 절감을 위해 지나치게 질 낮은 소식지를 제작할 수도 없는 일이다. 결국, 이런저런 요인들로 담당자는 뭔가 시원하게 해결되는 것이 없어 답답할 때가 많다. 여기서는 소식지 제작에 대한 몇 가지 대안을 찾아보도록 하자.

매번 제작물마다 다양한 업체와 별도로 제작하는 것보다

는 단체의 콘셉트를 이해하고 업무협조가 잘 이루어지는 업체와 연간 계약을 하여 진행을 하면 예산을 상당히 절감할 수 있다. 매년 정기 소식지, 서신서, 결연 아동 서신, 감사카드 등 유사한 양식의 틀로 제작되는 소식지는 기획과 디자인을 매번 새롭게 하지 않아도 되기 때문에 연간 계약으로 제작하고, 특별한 기부자 예우 서비스나 이벤트를 기획하는 경우는 별도로 계약해서 진행하면 된다. 또한, 소식지 제작과 더불어 모바일 웹이나 이메일을 함께 제작하는 업체도 있다. 이런 업체와 소식지 제작을 하면 모바일 웹이나 이메일 제작을 별도로 다른 업체와 하지 않아도 되어 비용 절감 효과를 더 높일 수 있다.

하나의 소식지가 나오면 홈페이지, 이메일, 모바일 웹 등 다양한 온라인 채널에서도 사용할 수 있도록 하자. 디자인에 따라서는 온라인에 맞지 않을 때도 있다. 따라서 되도록 온라인 채널에도 적용할 수 있게 텍스트 크기나 디자인을 구성하여 만들어야 한다. 소식지 기획 당시에 업체와 협의하여 온라인 채널에서도 사용할 것이라고 전달하면 구성이나 디자인을 함께 진행할 수 있다. 그리고 소식지를 제작할 때 단체의 CI와 특성을 보여줄 '콘셉트'를 정해야 한다. 몇 가지 디자인 포인트를 정해서 일관성 있는 디자인 구성을 유지할 필요가 있다. 소식지가 필요할 때마다 급하게 만들면 제작물들이 서로 상이해 보여 이질감을 가지게 된다. 우리 단체에서 보낸 소식지인 것을 알 수 있도록 차별화하는 것이 필요한데 이는 단체의 색상, 특성, 포인트가 되는 디자인이 일관성 있게 들어가야 가능하다. 이를 위해서 규모가 큰 메이저 단체들의 소식지를 참고해서 벤치마킹해도 되고, 가장 좋은 방법은 비용이 들더라도 단체의 디자인 콘셉트 설정을 전문 업체나 작가에게 의뢰해 보는 것이다.

모든 소식지를 모바일 웹이나 이메일로 대체하면 어떨까? 한 번쯤 생각해 볼 만한 질문이다. 한 아동 단체에서는 모든 아동 편지와 프로필을 모바일과 이메일로 전환하여 발송하기도 했다. 그럼 다른 단체들도 온라인 방식으로 전환해도 될까. 먼저 단체의 특성을 고려해야 한다. 단체의 특성이 특정 아동 단체와는 다를 수 있다. 그리고 생각해 봐야 할 것은 단체의 주요 기부자 연령대와 소식지 수령방법을 살펴봐야 한다. 연령대가 주로 50대 이상이고 소식지 수령방법이 대체로 우편물이라고 하면 전환하기 쉽지 않다. 반면에 연령대가 50대 미만이 많고 소식지 수령방법이 모바일이나 이메일의 비율이 높다면 변경의 여지가 있다.

또한, 소식지 제작에서 중요하게 고려할 것은 '기부자가 얼마나 읽을 것인가'이다. 모든 소식지 또는 일부 소식지를 온라인으로 변경할 수도 있다. 그러나 기부자가 읽어주지 않으면 아무런 소용이 없다. 기부자의 주요 연령대가 어떠냐를 떠나서 인쇄물 형태로 보기를 원하는 기부자도 있고 모바일이나 이메일로 보기를 원하는 기부자도 있을 것이다. 그리고 감사 메시지를 전할 때 카드 또는 서신서 형태의 소식지가 기부자에게 가장 반응이 좋을 수 있다. 물론 이 같은 경향성이 모든 단체가 같다고 할 수는 없다. 어떤 경우는 감사와 존경의 뜻을 정중히 전하기에는 인쇄물 형태의 소식지가 훨씬 효과가 클 수 있다는 뜻이다. 단체의 특성이나 메시지의 목적이 무엇이냐에 따라, 그리고 기부자의 성향에 따라 소식지 제작을 할 것인지, 하지 않을 것인지를 결정해야 한다.

그리고, 기부자에게 단체의 정체성을 설명해 줄 대표 문구를 하나 만들어 보자. 내가 이전에 재단에 근무하면서 기부자 관리를 시작한 초창기, 업무 세팅으로 분주한 중에서도 단체를 대표할만한 문구를 정하는 일에 공을 들였다. 한번 정하게 되면 앞으로 수년간 단체의 홈페이지, 소식지 등을 통해 일반 시민과 기부자들에게 보일 문구였다. 팀 내에서 아이디어 공모를 했고 당시에 아르바이트로 있던 선생님이 "어울림으로 하나 되는 세상"을 올려서 만장일치로 선정되었다. 장애인복지사업을 주요 사업으로 하고 있었기에 장애인과 비장애인이 어울리는 세상은 하나의 메시지로 충분했다. 문구를 캘리그래피로 제작하기도 하고 이후 각종 소식지와 행사에서 사용했으며, 홈페이지와 홍보 책자에도 들어가 많은 사람에게 공감을 얻을 수 있었다. 아마도 기부자들은 '자신의 후원과 관심이 장애인과 비장애인이 어울리는 세상을 만들고 있구나.'라고 생각하지 않았을까. 단체의 이름이 단체의 정체성을 충분히 드러내기도 하지만 기부자에게 하나의 문구로 '단체가 무엇을 꿈꾸는지', '단체가 어디를 향해 가는지'를 보여줄 수 있으면, 조금 더 쉽게 단체와 공감할 수 있는 접점을 만들어 낼 수 있을 것이다.

(3) 문자와 모바일 웹

　　스마트폰이 나오기 전까지 텍스트 메시지는 문자로 보냈다. 현재는 문자를 거의 사용하지 않고 모바일 메신저를 사용한다. 이미 일부 단체에서는 모바일 메신저를 통해서 기부자에게 소식지를 발송하거나 후원금 출금 안내를 하기도 하지만, 아직 대부분의 단체는 텍스트를 보내려 할 때 여전히 문자를 이용하고 있다. 기부자 관리에서 문자를 사용하는 영역은 매우 넓다. 미납 안내, 출금 안내, 생일 축하, 모바일 소식지, 기부자 모임 안내, 모바일 설문 조사 등 광범위하게 활용되고 있다. 기부자에게 전화를 걸었으나 부재중일 때 문자로 전화 용건을 간략하게 남기기도 하고, 후원 중단 처리 확인 등 문자를 통한 기부자와의 커뮤니케이션은 전화 통화 수보다도 훨씬 많다. 여기에 더해서 문자는 모바일 웹으로 연결 가능하여 활용 범위가 넓다.

　　기부자를 대상으로 한 문자발송 횟수는 항상 자세히 살펴봐야 한다. 자칫하면 발송 수가 너무 많아질 수도 있기 때문이다. 예를 들어 어느 달은 후원금 미납 안내 문자, 생일 축하 문자, 모금 참여 독려 문자, 정기 소식지 모바일 문자 등이 한 명의 기부자에게 모두 나갈 수 있다. 물론 이런 경우는 거의 없겠지만 문자발송이 짧은 기간에 몰리게 되면 기부자는 문자 피로도가 상승할 수 있고 심해지면 컴플레인이 발생할 수 있다. 기부자 개인이 받는 문자 수는 월 1회가 가장 적절하다. 여기에 정기 후원금 출금 안내 문자를 자동으로 발송하는 단체라면 월 2회가 된다. 상황에 따라서 생일 축하 문자를 받은 기부자가 단체의 모금 참여 독려 문자를 받을 수 있다. 이때는 기부자 개인을 대상으로 한 내용과 기부자 전체를 대상으로 한 문자이기 때문에 큰 무리는 없어 보인다.

　반면에 단체 행사 안내 문자와 모금 참여 독려 문자가 비슷한 시기에 발송되면 어떨까? 두 가지 모두 기부자의 반응을 끌어내기 어려울 것이다. 기부자는 문자 내용을 올 때마다 꼼꼼히 확인하지 않는다. 단체에서 중요하게 여기는 문자 안내가 있다면 그 달에는 다른 문자를 발송하지 않는 것이 좋다. 기부자가 하나의 메시지에 집중할 수 있는 것이 기부자의 반응을 끌어내기 좋으며 기부자 입장에서도 자신의 참여 의사를 표현하기가 훨씬 수월해진다.

문자발송 ➡ 모바일 웹 ➡ 스토리 ➡ 사업보고 사례

　위 내용은 가상으로 구성해 본 문자발송 화면과 모바일 웹이다. 정기 소식지를 문자와 모바일 웹을 활용하여 스마트폰에서 볼 수 있도록 하였다. 문자 내용 안에 소식지 링크를 넣고, 기부자가 클릭하면 소식지를 볼 수 있는 모바일 웹으로 넘어간다. 많은 단체에서 이러한 방법을 잘 활용하고 있다. 모바일 정기 소식지는 우편으로 발송되는 것보다 비용을 많이 절감할 수 있고, 기부자가 콘텐츠를 즉각적으로 볼 수 있는 장점이 있다. 그러나 지면에 담은 내용보다는 분량이 작아서 충분한 설명과 이해를 돕기에는 부족할 수 있다. 종종 지면의 내용을 그대로 담은 PDF 파일을 문자로 발송하는 단체도 있긴 하지만 스마트폰으로 그 많은 내용을 보기란 쉽지 않다.

모바일 웹의 특징을 살펴보면, PC에서 보는 홈페이지 콘텐츠 보다 분량은 작지만. 저비용과 고효율의 전달 매체이다. 저비용은 종이 인쇄 제작비와 우편 발송비가 들지 않는다는 것, 그리고 상대적으로 PC의 웹페이지만큼 제작의 수고가 들어가지 않는 것이다. 고효율은 단체에서 반드시 보여주고자 하는 내용을 함축적으로 요약해서 보여줄 수 있다는 점이다. 그리고 요즘같이 바쁘고 빠르게 돌아가는 일상에서 기부자는 편하고 신속하게 단체에서 보여주고자 하는 내용을 확인할 수 있다. 반면에 단체의 사업을 충분하게 보여주기에는 한계성을 가지기 때문에 인쇄물로 된 소식지와 PC 웹을 적절히 활용하는 것도 좋을 것이다. 모바일 웹은 규모가 작은 단체가 활용하기 좋은 도구(tool)이다. 때마다 인쇄물로 된 소식지를 모든 기부자에게 보내는 것은 부담될 수밖에 없다. 모바일 웹을 활용하여 기부자 서비스를 강화하는 기회로 삼아보면 어떨까.

모바일 웹은 기부자에게 발송하기 전에 반드시 테스트하고 또 테스트해야 한다. 핸드폰 제조사에 따라 디스플레이 특성이 다르고, 각각 출시 버전에 따라 화면 크기와 비율 또한 다르다. 팀원들의 핸드폰을 최대한 동원하여 화면이 일부 보이지 않는다거나 이미지가 깨지는 현상은 없는지 미리 확인하는 작업을 거쳐야 한다. 그리고 많은 내용을 담으려고 과욕을 부리면 절대 안 된다. 작은 텍스트 크기로 많은 내용을 넣으면 기부자는 오히려 보지 않는다. 읽기 힘들뿐더러 장시간 핸드폰을 붙잡고 읽을 만한 열정을 가진 기부자는 많지 않다. 조금은 큰 글씨로 짧고 간결하게 내용을 요약해서 구성하는 게 좋다. 그리고 더 구체적이고 자세한 내용은 소식지나 홈페이지에 담아 기부자가 볼 수 있도록 하면 된다.

(4) 기부자 만족도 조사

기존의 기부자 만족도 조사는 대체로 메일을 통해 진행하였다. 그러나 오늘날 메일을 정기적으로 꼼꼼하게 확인하는 사람이 어느 정도 될까? 연령대가 높을수록 메일 사용은 줄어들고, 다른 광고성 메일도 많아 잘 확인하지 않는다. 단체에서 발송해야 할 대상자 수가 많을 때는 메일을 통할 수밖에 없지만 가능하다면 모바일을 통해 만족도 조사를 진행하는 것도 권해본다. 단체의 기부자가 온라인을 통해 가입한 비율이 높다면 메일 방식의 성공률은 높을 수 있다. 온라인 가입은 대체로 정보가 정확하며 기부자가 이메일을 정기적으로 사용할 가능성도 크다. 그러나 오프라인 행사나 거리 모금을 통해 가입한 기부자 비율이 높다면 메일 주소 오류가 많거나 메일 확인율이 일부 낮을 수 있다. 따라서 기부자의 주요 가입 경로를 확인한 후 기부자의 특성을 고려해서 조사 방법을 결정하자.

단체에서 자체적으로 만족도 조사를 진행하고자 한다면 구글 설문지를 활용하여 편리하게 만들 수 있으며, 만약 예산이 있다면 온라인 설문 조사 업체를 선정해서 만들 수도 있다. 업체를 활용하면 구축 과정도 쉽고 일반적인 수준의 분석 결과를 바로 볼 수 있다. 또한, 이들 업체 중에는 모바일 환경에 특화해서 만든 도구(tool)가 있기도 하다. 모바일 설문 조사는 문자발송 비용이 들어가기 때문에 부담될 수 있지만, 메일보다는 즉각적인 응답을 받을 받을 수 있다. 메일을 통해 설문 조사를 진행한다면 응답 기간이 충분해야 하는데, 이는 메일을 가끔 확인하는 기부자가 많기 때문이다. 그리고 설문 조사를 반드시 모든 기부자를 대상으로 할 필요는 없다. 정기적으로 꾸준히 후원하는 기부자를 별도로 선정해서 진행해도 된다. 이들은 단체에 대한 이해도 높으며 멤버십도 어느 정도 형성되어 있어서 모든 설문 항목에 성의를 다해 작성해 줄 것이다. 반면에 정기 후원 미납 기부자에게도 발송한다면 이들의 응답률은 낮을 가능성이 크다는 것은 염두에 두어야 한다.

기부자 만족도 조사에는 어떤 내용이 들어가야 할까? 만약 한 번도 만족도 조사를 해보지 않았다면 반드시 진행해보길 바란다. 이미 만족도 조사를 진행해 본 경험이 있다면, 매년 같은 만족도 조사를 진행하기보다는 기부자 의견을 반영하여 기부자 관리 또는 단체의 경영이나 사업에 반영할 수 있는 내용으로 조사해 보도록 하자. 기부자의 의견을 수렴할 기회는 많지 않다. 그리고 매년 설문 조사를 진행하는 것도 만만치 않은 일이기 때문에 2년 또는 3년에 한 번 실시하기도 한다. 자주 할 수 있는 일이 아니기에 한번 실행할 때 기부자 의견을 업무에 반영하여 기부자 중심의 서비스가 되도록 하는 게 바람직하다. 한편, 만족도 체크(예, 5점 리커트 척도)는 업무에 반영할 수 있는 내용도 있긴 하지만 그렇지 않은 것도 있다. 이는 설문 참여자가 느끼는 만족도의 정도를 업무에 반영하기에는 구체적이지 않기 때문이다. 예를 들어 정기 소식지를 '2개월에 1회'발송할지, '3개월에 1회'발송할 지 결정해야 한다면, 만족도 조사에서 흔히 쓰는 5점 척도에서 유추해서 결정하는 것은 불가능하다. 기부자가 예시를 보고 직접 선택하도록 하는 것이 확실한 결론을 내기에 좋다.

실제로 정기 소식지 발송 주기를 결정해야 하는 시기에 기부자 설문 조사를 진행한 적이 있다. 기존의 2개월에 1회가 적절한지, 3개월에 1회가 적절한지 설문 항목에 넣었다. 기부자의 의견은 거의 비등하게 나타나서 내부 의견수렴 과정을 거친 후 3개월에 1회 발송하는 것으로 결정하였다. 사실 설문 조사는 진행보다 해석이 훨씬 더 중요하다. 만약 기부자의 의견을 수렴하기 위해 진행했는데 회지 발송 주기 의견처럼 큰 차이가 나타나지 않으면 어떻게 해야 할까? 이런 상황에서는 고민할 수밖에 없다. 상당수의 기부자가 비등한 비율의 찬반으로 나오면 결론을 짓기가 쉽지 않다. 하지만 기부자 입장에서 생각해 보면 쉽게 결론에 도달할 수도 있다. 단체의 비전이나 정관변경, 사업변경 등 매우 예민한 사안이 아니라면 기부자는 단체의 방향성에 암묵적으로 동의한다고 볼 수 있다. 정기 소식지 발송 주기가 후원을 지속할 것인가 아닌가를 결정하는 데에 절대적인 영향을 주지는 않는다. 기부자 만족도 조사는 되도록 기부자의 기대와 의견을 반영해 보자는 것이 본래의 취지일 것이다. 명확하게 결론이 나지 않는 상황으로 낑낑대며 고민할 필요는 없다.

한 번은 앞으로 어느 기간 동안 정기적으로 후원할 계획인지 설문 조사에서 물어본 적이 있다. 그런데 예상했던 응답과는 다르게 나와 매우 놀랐다. 조사에 응답한 많은 기부자가 '5년 이상'으로 응답한 것이다. '5년 이상'이 '5년 미만'의 기부자보다 훨씬 많았다. 거리 모금을 통해서 후원을 시작한 기부자가 많았으므로 후원 중단자 비율이 조금 높은 편이었다. 하지만 조사 결과는 매우 달랐다. 어떻게 해석해야 할지 막막했다. 당시 모바일 설문 조사를 진행할 때, 문자발송 비용을 절감하고 응답률을 높이기 위해 미납 기부자를 제외하고 후원 1년 이상 유지 중이면서, 핸드폰 번호가 있고 문자수신을 동의한 기부자 데이터를 추출해서 발송하였다. 결론적으로 말해서 비교적 열정이 있는 기부자들에게 발송한 것이다. 기부자는 어느 날 후원단체의 문자를 받고 거의 30개나 되는 질문을 핸드폰에서 하나씩 읽어보며 참여한 것이다. 단체에 대한 애정과 관심이 없다면 하기 어려운 일이다. 설문 조사를 끝까지 완수할 정도의 마음과 정성이 있는 분들은 과연 어느 정도 기간으로 후원할까? 당연히 장기간 후원할 가능성이 크다. 반대로 설문 조사에 참여하지 않은 상당수의 기부자는 5년 미만으로 후원할 가능성이 크다고 조심스럽게 예측해 볼 수도 있다.

설문 조사 대상자를 선정할 때 1년 미만 기부자와 미납 기부자도 포함한다면 응답률은 낮아지겠지만 보다 폭넓은 의견을 수렴할 수도 있을 것이다. 그러나 많은 수의 기부자에게 설문 조사를 진행하려면 비용이 부담되는 모바일보다는 비용이 들지 않는 메일이 적절할 수도 있다. 이때는 기본적으로 메일을 확인하는 기부자를 대상으로 전제해야 한다. 즉 메일을 사용하지 않거나 메일이 없는 기부자의 특성은 설문 조사 결과에서 배제된다. 이처럼 기부자 대상의 설문 조사 결과를 해석할 때는 몇 가지 전제를 둬야 할 사항들이 있다. 설문 조사의 접근성 자체가 한계를 가지므로 모든 기부자의 특성이 반영된다고 볼 수 없다. 한편으로는 설문 조사에 참여한 기부자는 후원 기간이나 미납 여부를 떠나서 단체에 대한 관심이 평균 이상으로 높은 기부자일 가능성이 크다. 그래서 설문 조사 당시 어떤 기준으로 대상자를 선정했는지 확인해야 하며, 설문 조사 결과 해석이 전혀 달라질 수 있다는 점을 반드시 알고 있어야 한다.

아직 한 번도 설문 조사를 해본 적이 없다면 기부자 모임이나 행사가 끝난 후에 간단한 만족도 조사를 문자로 발송해보자. 구글 설문지를 만드는 방법은 인터넷과 유튜브에 있다. 몇 가지 문항으로 간략하게 만들어 보내보자. 발송 시기는 행사가 끝난 후 빠를수록 좋다. 하루나 이틀 정도 지나서 발송하면 기부자는 그때 당시를 다시 생각해야 하고 응답률도 떨어진다. 여운이 아직 식지 않은 시간에 보내면 응답률도 높아지고 보다 생생한 의견을 확인할 수 있을 것이다. 종이로 된 설문지는 데이터를 다시 입력하는 번거로움이 있지만, 모바일 설문은 구글 드라이브에 저장되므로 정리하기가 매우 쉽다. 그리고 종이 설문지는 대규모 행사에서는 설문지를 나눠주기도 어려우며 회수율도 많이 떨어지지만, 모바일 설문 조사는 상대적으로 배포와 회수가 편리하다. 한편으로, 모바일 설문 과정은 모바일 모금 과정과 동일하다. 모바일 설문은 설문 대상자에게 설문 콘텐츠를 발송하는 것이고, 모바일 모금은 모금 대상자에게 모금 콘텐츠 발송하는 것일 뿐이다.

설문조사는 기부자와의 상호작용을 촉진하는 효과를 가져온다. 기부자 입장에서 자신의 의견을 전하는 동시에 그 의견이 단체에 반영되고, 단체 측면에서는 기부자 의견을 수렴하여 중요한 결정을 내릴 수 있다. 그리고 설문 조사에 참여한 기부자는 적어도 단체에 많은 애정을 가지고 장기간 후원할 가능성이 크기에 단체에서 관심을 가지고 관리하는 것도 바람직할 것이다.

기부자 관리에 관한 자세한 내용은 직접 단체의 정기 기부자로 가입하지 않은 이상 알기 어렵다. 벤치마킹할 만한 단체의 소식지나 서비스를 보고 싶어도 방법이 없다. 어떻게 해야 할까? 답은 간단하다. 해당 단체의 기부자로 가입하자. 직원 개인이 가입하기보다는 예산을 조금 책정해서 2~3개 단체에 지로 후원을 하면 된다. 소식지도 받아보고 기부자 모임 안내 문자도 받을 수 있다. 가능하면 미납도 해보고 전화도 직접 걸어보자. 그리고 궁금한 사항이 있다면 단체 담당자임을 솔직히 터놓고 물어보자. 타 단체도 후원하면서 아이디어도 얻을 수 있으니 서로에게 윈윈(win-win) 전략이 될 수 있지 않을까?

후원금 관리

"월 후원금을 결산하였는데, 전월보다 많이 줄었어요. 기부자 수가 갑자기 줄어든 것은 아닌 것 같은데 왜 그럴까요?"

후원금 관리를 하다보면 후원금이 증가하거나 감소하는 것을 확인하게 되는데 그 원인을 쉽게 찾을 수 없는 경우가 있다. 후원금 관리 담당자는 후원금이 들어오는 전체적인 그림을 머리속에 그려두고 있어야 한다.

먼저 후원금의 구분부터 하나씩 살펴보자. 후원금은 크게 일시 후원금과 정기 후원금으로 구분할 수 있다. 기부자가 매월 정기적으로 자신이 지정한 사업에 일정한 금액을 후원하는 경우 정기 후원금이며, 일시적으로 후원하는 경우는 일시 후원금이다. 그렇다면 기부자가 자발적으로 특정 사업에 매월 동일한 금액을 후원한다면 정기 후원자일까? 일시 후원자와 정기 후원자는 어떤 기준으로 구분되는 것일까? 정기 후원은 기부자가 정기 후원(약정) 신청서를 통해 일정한 금액을 매월 단체의 특정 사업에 후원하는 기부금으로 볼 수 있다.

기부자 관리 측면에서 보았을 때 정기 후원 신청서 없이 기부자가 자발적으로 매월 일정 금액을 후원한다고 해서 정기 후원자로 보기는 어렵다. 기부자가 언제 후원금을 변경할지, 또는 후원을 중단할지 알 수 없으며, 기부자가 단체에 개인 정보를 알려주지 않는 이상 기부자 서비스를 제공할 수 없기 때문이다. 후원 신청서를 근거로 하여 출금 신청을 단체에서 진행한다면 정기 후원으로, 그렇지 않은 경우는 일시 후원으로 보는 것이 기부자 관리 측면에서는 적절하다.

후원금 관리는 크게 출/입금 관리와 후원 납부율 관리로 볼 수 있다. 출/입금 관리는 단체에서 기부자의 통장, 카드, 지로 등에서 후원금을 출금하고 관리 프로그램에 입금처리하는 업무이고, 후원 납부율 관리는 출금 신청 관리를 통해서 후원 납부율을 향상시키는 과정의 업무이다. 여기서는 출/입금 관리를 별도로 다루지 않고 후원 납부율 관리를 중심으로 살펴보면서 출/입금 관리가 어떻게 이루어지면 좋을지 알아보도록 하겠다.

후원금 관리는 단순한 일로 생각하기 쉽다. 그러나 이 과정에서 챙겨야 할 일이 한두 가지가 아니다. 출금 신청 전에 출금 리스트에서 빠진 기부자는 없는지, 출금 신청에서 제외해야 하는 기부자는 없는지, 자동이체 오류가 있는 기부자 정보는 수정이 완료되었는지 세세하게 확인해야 한다. 만약 잘못 출금되면 기부자로부터 컴플레인을 받을 수 있고, 후원이 중단되거나 후원금 환급을 해야 할 수도 있다. 아무 생각 없이 출금과 입금 과정에만 충실하면 출금 신청률은 떨어지고 후원금도 감소한다. 반면에 조금만 노력하면 출금 신청률을 높일 수 있고 이에 따라 납부율도 함께 높아진다. 출금 신청 건수가 많아지면 당연히 납부되는 후원금이 많아지는 것이기에 항상 그 중요성을 염두에 두어야 한다.

　　이제 출금 신청률과 후원 납부율을 높일 수 있는 출금 신청 과정, 그리고 후원 유지율과 후원 납부율의 관계를 살펴보도록 하겠다.

1) 출금 신청률과 후원 납부율

　　정기 후원금 출금 신청 일정은 단체마다 다르다. 매월 정기 후원금이 기부자의 통장이나 카드에서 출금되는 일자를 기부자가 정할 수 있는 단체도 있고, 매월 지정한 날짜에만 출금되도록 하는 단체도 있다. 기부자의 여러 사유로 정기 출금이 이루어지지 않았을 때는 재 출금 신청이 진행되는데 첫 출금일 이후 3일 또는 10일 뒤에 이루어지기도 한다. 이 또한, 단체마다 차이가 있다. 일시 후원금은 계좌이체, 가상 계좌, 온라인 전자결제 등 다양한 방법이 있으며 기부자가 선택하여 입금하는 방식으로 이루어진다. 정기 후원은 단체에서 출금 신청을 하고, 일시 후원은 기부자가 자율적으로 입금하는 형태로 이루어진다. 일시 후원은 기부자가 언제 입금할지 알 수 없지만, 정기 후원은 출금 일정이 정해져 있고 출금 신청의 기회가 있어 이를 통해서 할 수 있는 일들이 있다. 그중 하나가 정기 후원금의 출금 신청률을 높이는 방법이다.

출금 신청률은 '후원 중인 기부자 중에서 당월에 실제로 출금 신청이 가능한 기부자 비율'이다. 예를 들어 매월 후원하는 기존 기부자가 1,000명이 있고, 당월에 신규 기부자 50명이 등록되었다고 하자. 기존 기부자 1,000명 중에 미납 콜을 진행해서 계좌와 카드를 변경한 기부자가 10명, 오류 콜을 진행해서 계좌 오류를 수정한 기부자 10명이 있다. 그리고 신규 기부자 50명 중에서 20명은 자동이체 등록이 되었고, 30명은 아직 미등록 되었다. 요약하면 총 기부자 수는 1,050명이고 이 중에서 결제 정보가 등록되거나 변경 완료된 기부자는 40명이 된다. 그런데 공교롭게도 변경되거나 오류가 수정된 결제 정보가 출금 신청일 이후에 완료되었다고 한다. 그럼 출금 신청자 수는 몇 명이고, 출금 신청률은 몇 %일까? 정리하면 다음과 같다.

구분	기존 기부자			신규 기부자		소계
후원 중 기부자	1,000명			50명		1,050명
출금 신청 상태 구분	기존 출금 가능자	미납 변경자	오류 수정자	신규 결제 정보 등록자	신규 결제 정보 미등록자	
후원 중 기부자	980명	10명	10명	20명	30명	1,050명
결제 정보 정상 변경		10명	10명	20명		40명
출금신청 불가		10명	10명	20명	30명	70명
출금 신청자 수	980명					980명
출금 신청률	980 명 / 1,050 명 x 100					93.3%

출금 신청자 수는 980명이고, 출금 신청률은 93.3%가 된다. 결제 정보가 정상적으로 수정되었다고 해도 출금 신청일 이후라면 출금이 될 수 없다. 만약에 결제 정보의 변경이 출금 신청일 전에 처리되었다고 가정하면 출금 신청자 수와 출금 신청률은 몇 %일까?

구분	기존 기부자			신규 기부자		소계
후원 중 기부자	1,000명			50명		1,050명
출금 신청 상태 구분	기존 출금 가능자	미납 변경자	오류 수정자	신규 결제 정보 등록자	신규 결제 정보 미등록자	
후원 중 기부자	980명	10명	10명	20명	30명	1,050명
결제 정보 정상 변경		10명	10명	20명		40명
출금신청 불가					30명	30명
출금 신청자 수	980명	10명	10명	20명		1,020명
출금 신청률	1,020명 / 1,050 명 x 100					97.1%

출금 신청자 수는 결제 정보가 정상적으로 변경된 40명 즉, 미납 변경자 10명, 오류 수정자 10명, 신규 등록자 20명 등이 추가되어 총 1,020명이 되고, 출금 신청률은 97.1%가 된다. 이렇게 되면 출금 신청률이 3.8%가 더 올라가며 그만큼 납부될 후원금은 증가한다. 여기에 신규 기부자 미등록자(30명)가 출금 신청일 이전에 등록이 완료된다면 출금 신청률은 훨씬 높아

진다. 따라서 미납 콜, 오류 콜, 신규 등록 등은 출금 신청 일정과 매우 밀접한 관계가 있으며, 일정을 잘 조정하고 서둘러 마감한다면 더 많은 후원금이 납부될 것이다.

다음으로는 후원 납부율을 보도록 하겠다. 매월 1,000명의 기부자가 후원하는 단체가 있다고 하자. 우리가 이미 알다시피 매월 1,000명의 기부자가 모두 후원하지는 않는다. 기부자 중에는 카드를 분실해서 사용 정지한 사람, 연휴에 지출이 많아 통장 잔액이 없는 사람, 이사를 하여서 발송된 지로용지를 받지 못한 사람 등이 있다. 기부자의 의도와는 상관없이 여러 사유로 후원이 어려울 때가 수시로 발생한다. 이러한 기부자의 개인적 요인과 더불어 신규 후원 신청자의 유입 정도, 후원 중단자의 증감 등으로 매월 기부자 수가 수시로 변함에 따라 월정기 후원금도 같이 변한다.

후원 납부율은 '후원 중인 기부자 중에서 당월에 실제로 후원한 기부자 비율'이다. 예를 들어 1,000명의 후원 중인 기부자가 있는데 50명의 기부자가 위와 같은 사유들로 후원이 되지 않았고, 나머지 950명의 기부자가 후원했다면 후원 납부율은 95.0%가 된다.

[후원 납부율 : 950명 / 1,000명 × 100 = 95.0%]

납부율에 영향을 주는 요인들로는 신규 기부자의 증감, 미납 기부자의 증감, 가입방법(온라인 모금, 미디어 모금, 거리 모금), 납부 방법(CMS, 카드, 지로), 연휴 기간(명절 및 휴일)의 유무, 기타 외부 환경요인 등으로 볼 수 있다.

신규 기부자가 증가할수록, 미납 기부자가 감소할수록 납부율은 증가한다. 신규 기부자는 '당해 연도에 후원을 시작한 기부자'로서 납부율이 높은 편이지만, 기존 기부자[4] 가운데 미납 기부자(최소 3개월 이상의 장기 미납 기부자)는 후원 의사가 거의 없으므로 납부율은 매우 낮아진다. 예를 들어 신규 기부자 100명이 출금 신청이 들어가면 대체로 첫 납부가 70~80명 이상 나온다. 그러나 미납 기부자는 출금 신청이 들어가도 후원금이 거의 납부되지 않는다. 어쩌다 통장에 잔액이 있어서 후원되기도 하지만 흔한 일은 아니다. 한편, 후원 중단자는 출금 신청이 들어가지 않기 때문에 납부율에 영향을 준다고 보기는 어렵다.

모금 방법 측면에서 납부율이 가장 높은 순부터 나열해보면, 온라인 모금, 미디어 모금, 거리 모금 순으로 나타난다. 사실 가장 높은 납부율은 교회 모금인데, 대중적인 모금 형태로 보기는 어려운 부분이 있다. 온라인이나 미디어 모금은 기부자가 자발적으로 후원을 신청하는 반면, 거리 모금은 후원 권유에 반응한 기부자가 후원하므로 납부율이 조금 떨어지는 편이다. 그리고 온라인과 미디어 모금을 비교해 보면, 미디어는 온

---

4 기존 기부자란 신규 기부자와 반대되는 개념으로, 당해 연도 이전 즉 전년도까지 가입한 모든 기부자를 말한다.

Step 1.
기부자
관리를
돌아보자!

57

라인보다 감정적으로 후원을 시작할 가능성이 커서 온라인보다 후원 기간이 조금 짧게 나타나는 것으로 보인다. 반면에 온라인 모금은 기부자가 사업내용을 충분히 확인하고 후원 신청서까지 직접 작성하는 과정을 거치기 때문에 기부 동기가 가장 높다고 볼 수 있다. 납부율이 가장 높은 교회 모금은 후원에 대한 종교적 사명감이 그 원인으로 보인다.

CMS, 카드, 지로 중에서 어느 납부 방법이 가장 납부율이 높을까? 납부율이 높은 순부터 보면, CMS, 카드, 지로 순으로 나타난다. 카드는 사용 기한과 월 한도액 제한이 있어서 CMS보다 출금이 되지 않는 때가 좀 더 많다. CMS는 통장이 폐기되지 않는 이상 잔액만 있으면 출금되므로 납부율이 높다. 그래서 기부자들에게 후원방법을 CMS로 권유하는 것은 납부율을 높이는 방법이 될 수 있다. 수수료 측면에서 보더라도 CMS가 가장 저렴하므로 수수료 절감으로 단체의 지출을 줄이는데 일부 도움을 준다. 지로는 수수료도 가장 높고 납부율은 가장 낮다. 지로 후원을 전부 CMS나 카드로 전환하면 좋겠지만, 지로 후원을 선호하는 기부자도 있으므로 지로 납부 방법을 없애기는 어려워 보인다.

연간 두세 차례 있는 연휴 기간도 납부율에 영향으로 주는 요인 중 하나이다. 큰 명절이나 휴일 전에 출금 신청이 들어가면 납부율이 증가하기도 하고, 연휴 기간이 끝난 후에 출금 신청이 들어가면 납부율이 감소하기도 한다. 이는 큰 명절이나 휴일 전에는 지출을 위해 미리 준비해 둔 통장 잔액이 있을 가능성이 크고, 연휴 기간에는 소비가 활발하게 일어나는 기간이라 직후에는 통장 잔액이 부족할 가능성이 있다. 그리고 정기 출금일과 추가 출금일 간의 간격이 길어질수록 추가 출금의 납부율이 높아지기도 한다. 이는 정기 출금일에 잔액 부족으로 출금이 안 된 기부자의 통장에 잔액이 채워질 수 있는 시간적 기회가 증가하므로 나타나는 현상으로 보인다.

이제부터는 정기 후원금의 출금률을 높이는 방법들을 좀 더 자세히 알아보자. 출금률을 높이기 위해 가장 먼저 해야 할 일은 신속하고 정확하게 신규 기부자 정보를 입력하는 것이다. 모든 후원 신청 정보가 온라인 모금에서처럼 기부자 프로그램에 바로 입력 처리된다면 신경 쓸 일이 거의 없겠지만, 온라인 외의 모든 후원 신청 정보는 직원의 손을 통해 처리된다. 처리 과정에서 시간이 지연되거나 잘못 입력되면 출금률은 떨어지게 된다. 다음으로, CMS 및 카드 오류 기부자에게 신속하게 전화해서 오류를 확인하고 수정하는 것(오류 콜)이다. 출금 신청일 전에 모두 완료되어야 출금 신청이 들어갈 수 있다. 출금 오류 기부자는 꾸준히 정기적으로 후원하던 기부자이므로 통화 성공률이 높을 뿐만 아니라 대체로 후원 동기도 높은 편이다. 그리고, 미납 기부자들을 대상으로 전화나 문자를 통해서 후원을 독려하는 것(미납 콜)이다. CMS는 잔액 부족, 압류 계좌, 계좌 정지, 기타 등의 사유로, 카드는 한도 초과, 사용기한 초과, 일시 정지, 기타 등으로 미납 코드가 뜬다. 지난 몇 달 동안 후원이 안된 미납 기부자들에게 적극적으로 후원 안내를 해야 한다. 어떤 기부자는 인지하지 못하고 있다가 단체의 안내를 받고 미납 상황을 인식하기도 하지만 다수의 기부자는 아예 후원을 잊어버리고 있거나 의도적으로 미납 상태로 놔두기도 한다. 미납자 관리에 대해서는 다음 장인 콜 업무에서 자세하게 다루도록 하겠다.

　　마지막으로, 신규 기부자의 첫 정기 후원금을 챙기는 일을 잊지 말자. 단체의 정기 후원 출금일이 매월 5일, 15일, 25일이라고 가정해보자. 기부자가 14일에 후원 신청서를 작성하였고 매월 25일에 정기 후원을 하겠다고 한다면, 25일 출금 신청일 전에 자동이체를 등록하여 첫 정기 후원금이 출금될 수 있도록 하는 것이다. 쉬운 일이라 생각할 수도 있지만 꼼꼼하게 챙기지 않으면 시기를 놓칠 수도 있으므로 항상 주의가 필요하다. 그리고, 단체에서 모금행사나 방송 일정이 있다면 기부자 관리 부서에서 미리 확인하는 것이 좋다. 해당 모금 활동이 끝난 후 즉시 당월 출금이 가능한 기부자와 그렇지 않은 기부자를 구분한다면 훨씬 수월하게 출금 업무를 진행할 수 있다. 당월 출금이 가능한 기부자는 당월부터 첫 후원이 가능하므로 신속하게 입력 처리해야 한다. 이 과정에서 반드시 알아야 할 것은 기부자가 후원 신청 당월에 정기 후원금이 출금됨을 사전에 안내하는 것이다. 종종 기부자가 알지 못한 상황에서 후원금이 출금되는 난감한 일이 발생하기도 한다. 이런 경우 기부자의 컴플레인이 발생할 수밖에 없으며 심각한 경우 후원 중단을 하는 일이 생길 수 있다. 이처럼 조금만 꼼꼼하게 살펴보면 출금 기회를 더 확보하는 방법은 많다.

지금까지는 이해를 돕기 위해 편의상 기부자 수로 출금 신청률과 후원 납부율을 설명하였는데, 정기 후원금 액수를 기준으로 처리하는 것이 더 정확하다. 기부자 수는 실제 후원금 규모를 반영하지 못하기 때문이다. 기부자 수가 많아도 후원금 총액은 어떠할지 알 수 없다. 기부자 수 100명이 100만 원의 후원금을 기부할 수도 있고 1억을 기부할 수도 있다.

물론 둘 다 백분율로 환산되기 때문에 단체에 따라서는 기부자 수나 후원금 액수나 큰 차이가 없을 수도 있다. 그러나 대다수 정기 기부자는 10만 원 미만의 정해진 금액으로 후원을 하기도 하지만 일부 기부자는 고액의 정기 후원금으로 기부하기도 한다. 고액 정기 기부자는 1명뿐이라도 액수는 수백만 원, 때로는 1천만 원 이상의 정기 후원금일 수도 있다. 만약 고액 정기 기부자가 이번 달에 잔액 부족으로 미납되었다고 하자. 후원 납부율 측면에서 기부자 수로는 1명이기 때문에 거의 차이가 없겠지만, 정기 후원금 액수로 봤을 때는 그 차이는 클 수밖에 없다. 아래 예시는 기부자 수와 정기 후원금 액수를 기준으로 각각 후원 납부율을 산출해 본 것이다. 총 기부자 수 1,000명, 월 후원 약정금액 5,000만 원의 단체가 있다고 가정하였다. 여기서 고액 기부자는 1명이고 후원 약정금액이 월 500만 원이다.

고액 기부자 정기 후원 납부 시	총 기부자 수	후원금 당월 납부자수		총 후원 약정금액	후원금 당월 납부액수	
		일반 기부자	고액 기부자		일반 기부자	고액 기부자
	1,000명	900명	1명	5,000만원	4,000만원	500만원
	후원 납부율 901명÷1,000명x100= 90.1%			후원 납부율 4,500만원÷5,000만원x100=90.0%		

고액 기부자 정기 후원 미납 시	총 기부자 수	후원금 당월 납부자수		총 후원 약정금액	후원금 당월 납부액수	
		일반 기부자	고액 기부자		일반 기부자	고액 기부자
	1,000명	900명	0명	5,000만원	4,000만원	0원
	후원 납부율 900명÷1,000명x100= 90.0%			후원 납부율 4,000만원÷5,000만원x100=80.0%		

　　고액 기부자의 월 정기 후원금이 납부되었을 때와 미납되었을 때를 비교해 보면, 기부자 수 기준의 납부율은 각각 90.1%와 90.0%로 거의 차이가 없다. 그러나 후원금 액수 기준으로 보았을 때는 각각 90.0%와 80.0%로 큰 차이가 난다. 다른 예로 월 1만 원의 기부자 수 100명과 월 5만 원의 기부자 수 100명은 같은 인원 수라도 월 정기 후원금 액수에서는 뚜렷한 차이를 나타낸다. 거의 모든 기부자가 비슷한 금액으로 매월 기부하고 있다면 기부자 수 기준으로 후원 납부율을 산출해도 상관없지만, 고액 정기 기부자가 있다면 차이가 있을 수 있다. 따라서 출금 신청률과 후원 납부율을 관리하고자 할 때, 기부자 수로 할지 아니면 후원금 액수로 할지 무엇이 단체 상황에 적절한지 검토해서 사용해야 한다.

2) 후원 유지율과 후원 납부율

기부자 관리의 목표는 '후원 유지율과 후원 납부율의 유지/향상'이라고 볼 수 있다. 후원 유지율은 '일정한 기간 동안 후원을 유지하는 기부자 비율'을 뜻한다. 기부자의 후원 기간이 길어지고 납부율이 더 높아진다면 어떨까? 단체는 더 안정적으로 사업을 확대해 나갈 수 있을 것이다. 이를 위해서는 기부자의 멤버십에 기반을 두어야 하며 기부자 관리는 멤버십 향상을 위해 다양한 노력을 해야 한다. 그럼 후원 유지율과 후원 납부율을 관리할 때 고려해야 할 것은 무엇인지 살펴보도록 하자(이하 유지율과 납부율로 함).

유지율과 납부율은 각각 분리된 개념일까? 그렇지 않다. 매우 밀접하게 연결되어 있다. 예를 들어 미납자는 후원 중이긴 하나 후원 납부는 이루어지지 않는 기부자이다. 만약 6월 현재 100명의 미납자를 후원 중단 처리한다고 가정해보자. 실제로 미납 후원자 수는 많은 편이다. 100명의 미납자가 후원 중단되면 유지율은 떨어진다. 그러면 납부율은 어떻게 될까? 납부율은 높아진다. 출금 신청자 수는 이전보다 줄어들고 납부되는 정기 기부자 비율은 높아지기 때문이다. 매년 기부자 수가 증가하면서 미납자도 매년 증가할 것이다. 적절한 기간 안에 미납자를 중단 처리하지 않으면 기부자 수 증가에 따른 유지율은 상승하겠지만 미납자 증가로 인해 납부율은 떨어지게 된다.

다음 표는 임의로 만든 예시로, 연도 초 1월에 후원 중인 기부자 10,200명이 있고, 이후 1~6월 사이 중단자가 100명이 생겼다고 가정하였으며 여기에 추가적으로 미납자 100명을 중단 처리하였을 때와 중단 처리하지 않았을 때를 비교해 보았다.

구분	후원 유지율 산출		후원 납부율 산출	
	미납자 중단 안 함	미납자 중단처리	미납자 중단 안 함	미납자 중단처리
연도 초 1월 기부자	10,200 명			
1~6 월 후원중단자	100 명			
6월 미납자	100명	0명	100명	0명
6월 후원 중 기부자	10,100 명	10,000 명	10,100 명	10,000 명
6월 납부 기부자			10,000 명	10,000 명
산출 수식	* 후원 유지율 : 6 월 후원 중 기부자 / 연도 초 시작 기부자 x 100 * 후원 납부율 : 6 월 납부 기부자 / 6 월 후원 중 기부자 x 100 * 여기서는 편의상 미납자를 제외한 모든 기부자가 출금 신청이 가능하고 이들 모두 납부한다고 보았으며 , 새로 유입된 신규 기부자는 없다고 가정하였다.			
산출 결과	10,100/10,200*100	10,000/10,200*100	10,000/10,100*100	10,000/10,000*100
	99%	98%	99%	100%

표에서 보듯이 미납자를 중단 처리하면 유지율은 99%에서 98%로 떨어지는 반면 납부율은 99%에서 100%로 올라간다. 앞에서도 언급했듯이 미납자는 적절한 시기에 중단 처리를 해야 한다. 시간이 갈수록 미납자는 거의 후원을 하지 않으면서 단체의 물적·인적 자원 소모는 커진다. 따라서 유지율은 절대적

수치로 보기보다는 미납자 관리에 따라 유연하게 바라볼 필요가 있다. 그리고 미납자에 대한 중단 처리를 어떻게 할지 업무 매뉴얼로 작성해 놓고 정해진 절차에 따라 처리하자. 매월 다른 기준으로 중단 처리를 하게 되면 유지율과 납부율의 변화에서 유의미한 분석을 찾아내기 어려워진다. 왜냐하면 관리 정책의 변경에 따라 미납 사유 중단자가 증가(감소)한 것인지 아니면 실제로 미납 사유 중단자가 증가(감소)한 것인지 구분할 수 없기 때문이다. 기부자 관리에도 혼란을 가져올 수 있다. 기부자 관리는 일관성과 지속성이 중요하다.

사실 납부율의 기준에서만 보면 미납자는 서둘러 중단 처리하는 것이 좋다. 미납자가 후원할 때까지 오래 기다린다고 해서 후원이 보장되지는 않는다. 하지만 단체에서는 언제인가 후원을 하게 될지 모르기 때문에 대량으로 중단 처리하기가 망설여지기도 한다. 단체에 따라서는 5년~10년이 넘은 장기 미납자가 관리 프로그램에 여전히 후원 중인 기부자로 있을지도 모르겠다. 하지만 미납자를 중단 처리한다고 해서 큰일은 벌어지지 않는다. 그렇다고 모든 미납자를 서둘러 중단 처리를 할 필요도 없다. 적절한 기간을 두고 중단 처리하는 것이 좋다. 권하기로는 대체로 연속 미납 9~12개월 사이에서 중단하는 것이 바람직해 보인다. 이 시기를 넘어서 후원하는 기부자는 거의 없고 상대적으로 관리해야 할 미납자는 계속 증가하기 때문이다.

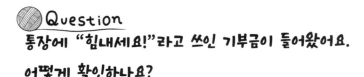

통장에 "힘내세요!"라고 쓰인 기부금이 들어왔어요. 어떻게 확인하나요?

한 번은 관리 프로그램에서 일시 후원금 내역을 확인하는 중에 입금자명에 신기한 문구들로 만들어진 것들을 발견하였다. "힘내세요", "사랑해요", "천사"... 담당 팀원에게 물어봤더니 실제 입금자명이 맞고 그대로 입력해놔야 나중에 확인하기 쉽다는 것이다. 그리고 몇 달 뒤 연말이 되어 정말 그 기부자에게 연락이 왔다. "힘내세요? 아 네, 그럼 입금 일자와 액수 알려주시겠어요? 본인 여부 확인하겠습니다." 입금자명과 액수, 입금 일자, 입금계좌번호 모두 확인한 뒤 기부금 영수증을 발행하였다. 후원금을 입금한 기부자명을 알지 못하더라도 통장에 기재된 입금자명과 그 외 정보들을 정확히 입력해 놓으면 언젠가 기부자로부터 연락이 왔을 때 신속하게 확인할 수 있다. 그리고 무엇보다 익명의 기부금 처리에 대한 내부 규칙과 절차를 미리 마련하자. 장기간 확인이 안 될 때면 어떻게 처리할 것인지 미리 준비해야 한다. 참고로 익명의 소액 후원은 대체로 단체의 주요 사업에 후원하는 경우가 많다. 반면에 익명의 고액 후원은 지정사업인 경우가 많고, 단체를 이미 알고 있거나 사전에 단체 내 다른 직원과 소통되었을 가능성이 있다.

콜 업무

　　콜 업무에 관한 이야기를 들으면 다음 같은 질문들이 떠오를 것이다.
- 우리 단체는 규모가 작은데 콜 담당자가 필요할까요?
- 콜 업무 장비나 인력에 큰 비용이 들어가지 않나요?
- 콜 업무를 위한 최소한의 규모나 기부자 수가 있지 않을까요?
- 콜 업무에 대한 지식이나 경험이 없는데 그냥 시작한다고 좋은 성과가 나올까요?

　　기부자 전화는 '그냥 받으면 되는 거지'라고 생각할 수도 있지만 사실 그렇지만도 않다. 전화를 걸거나 받을 준비가 항상 되어 있어야 한다. 단 한 번의 통화로 기부자가 충분한 설명을 들을 수 있고 이를 통해 지속적인 후원이 가능할 수 있게 해주는 역할이 바로 콜 업무이다. 그리고 콜 업무라고 해서 반드시 전화 전담인력으로 구성된 콜센터를 갖추어야 하는 것은 아니다.

　　콜센터는 이미 많은 기업이 운영하고 있으며 비영리 분야에서도 전문화되어가고 있다. 메이저 단체들도 약 10~15명 정도의 전화 업무만 담당하고 있는 직원들이 있고, 하루에만 기부자들과 수백 통의 통화를 한다. 후원이 몇 달간 이루어지지 않은 기부자들에게 후원 안내 전화를 시도하고, 후원 중단, 주소 변경 등 후원에 대한 다양한 문의를 하는 기부자의 전화를 받는다. 기부자에게 거는 전화는 기부자와 통화가 연결되지 않을 때도 많고, 단체에 전화를 거는 기부자는 강한 불만을 가지고 항의하는 경우도 있다.

정기 기부자 수가 아주 소수라면 모를까 콜 업무 담당자를 기본적으로 세우는 것이 좋다. 콜 업무는 장비와 인력을 모두 갖추고 시작하지 않아도 된다. 기부자 관리를 위한 콜 업무 즉, 기부자 전화가 오면 어떻게 응대할 것인가를 준비하는 것이 중요하다. 그리고 이후에 콜 업무 방향과 전략, 인력과 장비를 하나씩 갖추어 가면 된다. 전화 업무와 관리 업무를 병행하게 되면 업무 집중도는 매우 떨어지고 전화 업무는 업무 우선순위에서 밀리게 되어 제대로 진행하기 쉽지 않다. 내가 처음 콜 업무를 시작할 때 했던 방법은 6개월 이상 근무가 가능한 아르바이트를 채용해서 미납이나 출금 오류 기부자에게 안내 전화를 하는 방법이었다. 들어오는 기부자 전화는 직원들과 함께 처리했고 콜 스크립트(전화응대 멘트)와 콜 전략을 하나씩 세워 가며 세팅했다. 기부자에게 거는 전화(아웃바운드)는 목적이 명확하므로 교육이 쉬운 편이다. 반면 들어오는 전화(인바운드)는 단체와 기부자 관리에 대한 기본 지식이 있어야 하기 때문에 직원이 처리하는 것이 좋다.

콜 업무의 가장 큰 장점은 기부자와의 직접적인 소통 기회를 획기적으로 늘려갈 수 있다는 것이다. 단체와 기부자와의 커뮤니케이션 대부분은 단체에서 우편이나 문자를 발송하는 단방향 커뮤니케이션(One-way Communication)이다. 단방향 커뮤니케이션으로 기부자의 반응이나 의견이 어떤지 단체로서는 알 수가 없다. 그러나 전화는 양방향 커뮤니케이션(Two-way communication)으로 기부자의 개별적인 상황을 단체가 알 수 있고 대처할 기회를 준다. 기부자와의 소통의 양과 질을 동시에 높여갈 수 있는 것이다. 기부자와의 소통이 많아질수록 신경을 써야 할 일들도 많아지지만, 단체에 대한 신뢰성과 투명성은 높아진다. 기부자의 입장에서 단체와 통화가 어렵거나 불가능하다면 어떻게 믿고 계속 기부를 하겠는가.

콜 업무는 크게 기부자에게 전화를 거는 아웃바운드(Out-bound), 기부자에게서 걸려오는 전화를 응대하는 인바운드(In-bound)로 구분할 수 있고, 전화 마케팅 TM(Tele Marketing)과 전화 서비스 TS(Tele Service)로 구분할 수도 있다. 마케팅 특성의 전화, 즉 모금 업무는 TM으로, 서비스 특성의 전화는 TS로 구분된다. 아웃바운드는 기부자 모금의 중요한 방법 가운데 하나이며, 인바운드는 TS(서비스)의 성격이 강하다고 볼 수 있다. 여기서는 아웃바운드와 인바운로 구분하여 설명하도록 하겠다.

1) 아웃바운드(Outbound)

(1) 해피 콜

해피 콜은 'happy'라는 단어 그대로 콜 업무 가운데 가장 보람되고 즐거운 일이기도 하다. 해피 콜이란 특별한 목적 없이 인사차 하는 전화를 말한다. 그래서 보통은 신규로 가입된 기부자에게 해피 콜을 시도한다. 해피 콜은 통화 성공률이 매우 높고 통화 시 기부자와 담당자 모두 상호작용이 가장 활발하다. 통화 내용으로는 후원 감사 인사, 후원금 출금 일정 및 출금 정보 확인, 주소 및 개별 요구 사항 확인, 기타 기부자의 궁금한 사항 확인 등이다. 해피 콜은 기부자의 신규 가입 후 가장 중요한 서비스이다. 기부자와의 직접 소통이 있었는가의 유무는 향후 후원 유지 기간에 큰 영향을 끼친다. 또한, 우리 단체가 믿을 만한 단체라는 확신을 심어주고, 기부자가 신뢰감을 가지고 후원을 할 수 있도록 해준다.

해피 콜을 통해서 기부자 정보의 정확성을 높일 수 있다. 오류가 있는 출금 정보를 수정할 수 있어 입금률을 높일 수 있으며, 신규 가입 당월에 첫 후원이 이루어질 수 있음을 알려서 갑작스러운 출금으로 인한 컴플레인을 예방할 수도 있다. 또한 주소 오류가 확인되면 우편물이 반송되는 일을 방지할 수 있고, 통화를 통해서 기부자가 단체에 대한 이해를 높일 수 있는 등 유익한 점이 많다. 해피 콜이 성공적으로 이루어지면 앞으로 기부자와의 불필요한 통화는 거의 이루어지지 않는다. 단체는 미납, 출금 오류, 반송 우편 등으로 기부자에게 전화를 거는 일이 없게 되고 기부자는 단체에 대하여 궁금한 사항이 줄게 되어 이후 통화로 인한 단체의 업무 부담은 현저히 줄어들게 된다.

해피 콜은 고액 일시 기부자나 장기 후원 기부자에게도 적용할 수 있다. 후원에 대한 감사 메시지를 전하고 기부자 개인의 안부를 물어보거나, 단체에 관한 궁금한 사항을 확인하는 것이다. 때로는 해피 콜을 통해서 생각지 못한 기부를 받게 되는 경우도 생긴다. 해피 콜은 예우 서비스 측면에서 매우 효과적인 서비스 방법이다.

(2) 오류 콜

오류 콜은 출금 신청 시 출금 오류가 발생하여 후원이 안 되는 기부자에게 거는 전화이다. 오류 콜은 모든 전화 중에서 가장 우선순위를 두고 해야 한다. 출금 오류만 수정되면 바로 정기 후원금이 출금될 수 있기 때문이다. 그래서 다음 출금 일정을 미리 확인한 후에 기간 안에 모든 오류 콜을 마쳐야 한다. CMS와 카드는 다양한 사유로 출금 오류가 발생할 수 있다. 출금 오류가 나면 은행이나 카드사를 통해 오류 코드를 조회하여 어떤 이유로 출금되지 않았는지 확인한 후 오류 콜을 진행하면 된다. CMS와 카드 오류 수정은 최소한 출금 신청 약 2~3일 전에 완료해야 정상적으로 출금할 수 있다. 오류 콜 통화시도 수는 2~3차 정도이며 부재 시 문자 안내를 병행한다. 오류 콜의 통화 성공률이 미납 콜 보다는 훨씬 높은 편이다. 오류 콜 진행

시 가능하다면 소식지는 잘 받고 있는지 후원하면서 불편한 사항은 없는지 확인하는 것도 좋다.

(3) 미납 콜

정기 후원금 미납은 신규 미납과 장기 미납으로 나눌 수 있다. 신규 미납은 후원 신청 후 한 번도 후원이 이루어지지 않은 경우이며, 장기 미납은 후원이 잘 이루어지다가 최소 3개월 이상 미납이 이루어지는 경우이다. 신규 미납과 장기 미납은 출금 오류인 경우도 있지만 대부분 통장 잔액 부족인 경우가 많다. 그래서 미납 콜에서는 잔액 확인 요청과 더불어 통장 변경을 적극적으로 유도해야 한다. 문제는 미납 콜의 통화 성공률이 낮다는 것이다. 이미 미납 기부자는 후원 동기가 매우 약하거나 후원 의사가 없는 경우가 대부분이다. 한 통의 전화로 후원 동기를 살리기는 쉽지 않다. 그렇지만 최대한 통화를 시도하고 안내 문자를 발송하여 후원을 유지할 수 있도록 독려해야 한다.

내가 주로 진행했던 방법은 미납 3개월 차, 6개월 차, 9개월 차, 12개월 차 등으로 나누어 전화 통화를 시도하고 부재 중일 때는 미납 안내 문자를 남겼다. 매월 모든 미납자에게 전화를 시도해도 되겠지만 기부자 입장에서는 후원 독촉으로 받아들여 강한 컴플레인이 발생할 수 있고, 기부자 규모가 큰 단체는 미납자도 많아서 매월 모든 미납자에게 통화를 시도하기에는 무리가 될 수 있다. 그리고 미납 9개월 차에 접어들면 후원 의사가 거의 없다고 보이는데, 종종 미납 12개월 차에 통화가 성공되어 다시 후원이 이루어지기도 하지만, 미납 9개월 차 이후에는 투여되는 노력에 비해 성과는 미약한 편이다. 신규 미납이든 장기 미납이든 일정한 미납 기간이 넘어서면 일괄적으로 후원 중단 처리를 해야 한다. 중단 처리를 하지 않으면 은행이나 카드사에 출금 신청 건별로 부가되는 수수료를 매달 내야 하며 소식지 발송, 미납 콜 관리 등 관리에 부담되는 사항들이 증가한다.

그리고, 후원 중단 사유를 신규 미납과 장기 미납으로 구분해서 처리하면 좋다. 만약 통계적으로 신규 미납 취소 사유가 증가한다면 후원 개발 방법에 문제가 있을 수 있다고 판단하고 점검해야 한다. 미납자 후원 중단 처리는 대량으로 발생하기 때문에 미납 중단 사유를 구분하지 않으면 후원 중단 추이를 분석하기 어려워질 수 있다. 또한, 미납자 중단을 제때에 처리하지 않으면, 후원 중인 기부자 수만 증가하고 후원 납부율은 점차 떨어진다. 많은 기부자가 후원하는 것으로 보이지만 실제 후원이 이루어지는 기부자는 상대적으로 적게 나타난다. 결과적으로 기부자 수는 꾸준히 증가하여도 실제 후원금은 거의 증가하지 않는다. 따라서 미납자는 매월 또는 정기적으로 시기를 정해서 중단 처리하는 것이 바람직하다.

(4) 재 후원 콜

재 후원 콜은 후원 중단자를 대상으로 후원을 유도하는 일종의 전화 모금이라 볼 수 있다. 재 후원 콜은 후원을 중단한

지 최소 1년 이상 된 후원자를 대상으로 진행하는 것이 좋다. 후원 중단 기간을 1년 이상으로 설정한 이유는 몇 가지가 있다. 우선은 후원 중단 사유 중 가장 많은 '경제적 사유'인데 기부자의 경제적 사정이 1년 안에 다시 좋아지기는 어렵기 때문이다. 다음으로 가장 많은 중단 사유는 특별한 중단 사유로 구분하기 어려운 '개인적 사유(또는 사유 없음)'로 아마도 여기에는 경제적 사유가 상당히 포함되어 있을 것으로 보인다. 자신의 경제적 여건을 굳이 밝히고 싶지 않은 기부자들은 '경제적 사유'로 후원을 중단하더라고 그 이유를 '개인적 사유'로 답했을 가능성이 높다. 그리고 신규 미납/장기 미납 후원 중단자도 많은데 이미 미납 콜 시도가 여러 차례 시도되었다면, 통화 성공률이 상당히 낮을 수 있다. 다른 나머지 중단 사유들은 그리 많지 않으며, 컴플레인으로 후원을 중단한 기부자 등 연락을 해서는 안 되는 대상자들이 대부분이다.

재 후원 통화 성공률은 전반적으로 낮은 편이다. 단체마다 다르긴 하겠으나 10통 시도 시 통화 성공은 1~2통 정도이며, 10통 성공 시 1~2통이라도 재 후원으로 연결되기 쉽지 않다. 통화 성공률이 낮은 이유 중 하나는 짧게는 최소 1년, 길게는 수년 이상 통화가 안 된 기부자들이기 때문이다. 그동안 중단자의 전화번호가 변경되었거나 단체의 발신 번호를 낯선 전화번호로 인지하여 받지 않는 등 다양한 이유로 통화가 어렵다. 대체로 총 3회차까지 통화시도를 하는데 3회차 통화 성공률은 급격히 떨어지는 경향을 보인다. 전화를 받을 대상자들은 2회차 안에 거의 통화가 되고 나머지는 통화 거부나 통화 자체가 어려운 것으로 판단된다. 부재중 통화 시에는 반드시 안내 문자를 남겨야 한다. 문자 확인 후 전화를 받지 않는 중단자도 있겠지만, 후원에 관심이 있는 중단자라면 나중에 통화가 이루어질 가능성은 커진다.

2) 인바운드(Inbound)

"기부자 전화응대는 편안하고 따뜻하게, 요건 처리는 신속하고 정확하게"

(1) 원스톱 서비스

기부자 관리는 기부자를 중심으로 서비스, 후원금 관리, 콜 업무 영역이 통합적으로 운영되어야 한다. 기부자가 우편물 주소와 정기 후원금 변경을 위해 단체에 전화했다고 해보자. 콜 업무 직원이 모두 통화 중이어서 서비스 담당 직원이 전화를 당겨 받았다. 서비스 담당 직원이 우편물 주소는 변경처리하였는데 정기 후원금 변경은 후원금 관리 영역이라 다른 담당 직원에게 전화를 넘겼다면 기부자 입장에서는 매우 불편할 수밖에 없다. 한 명의 직원이 모든 업무를 완벽하게 알 필요는 없지만, 기본적인 수준의 업무들은 숙지하고 있어야 하며 기부자의 요건에 따라 유연하게 대처할 수 있어야 한다. 이처럼 기부자 전화응대나 서비스는 한 번의 요청에 완료되어야 하는데 이를 원스톱 서비스(one stop service)라고 한다.

기부자 입장에서는 단체의 기부자 관리 업무의 절차와 구체적 내용을 알지도 못할뿐더러 알아야 할 필요도 없다. 모든 사람이 그렇듯 기부자도 단체에 전화했을 때 한 번의 통화로 모든 일처리가 간단하게 끝나길 바란다. 물론 아주 세부적이고 정확하게 안내해야 할 일들이 있기도 하다. 결연 아동의 최근 근황이라든지, 기부자는 후원했다고 하는데 후원금이 확인되지 않는다든지, 단체의 번호가 남아 있는 부재중 전화가 무슨 용건인지 등 사안에 따라 확인 과정에 시간이 걸리는 일도 있고 다른 담당 직원이 처리해야 하는 일도 있다. 그러나 이런 예외적인 상황이 아닌 일반적인 상황에서는 담당 직원이라면 누구라도 신속하게 처리할 수 있어야 하며 이를 위해서는 담당 업무뿐아니라 기부자 관리의 기본적인 업무내용을 전반적으로 파악하고 있어야 한다.

기부자 관리뿐 아니라 다른 용건으로 단체에 전화하였을 때, 여러 차례에 걸쳐 서로 다른 직원들과 통화를 하게 되어 불편함을 경험하는 일들이 실제로 많은 단체에서 일어나고 있다. 전화 메모를 남기는 일에서부터 전화 연결에 이르기까지 기본적인 처리가 잘 이루어지지 않아 기부자에게 불쾌감을 주기도 한다. 굳이 원스톱 서비스라는 명칭을 붙이지 않더라도 전화응대 에티켓과 전화 메모, 전화 연결에 대한 교육의 필요성이 절실해 보인다. 한편으로는 의사소통에서 스마트폰과 모바일 메신저의 비중이 높아지면서 직접적인 의사소통 방식과 에티켓을 잃어가는 것은 아닌지도 모르겠다. 기부자와의 전화응대는 단체를 직접 방문한 기부자를 대하듯 이루어져야 하며, 통화 당사자는 단체를 대표하여 소통하고 있음을 반드시 기억해야 한다.

(2) 후원 중단

정기 후원금 출금일에는 후원 중단 전화가 증가하는 경향이 있다. 이미 후원 중단을 생각하던 기부자가 은행이나 카드사를 통해 후원금이 출금된 문자를 보고 전화를 하는 것이다. 이러한 기부자는 짧게는 며칠, 길게는 몇 달 전부터 경제적인 이유 또는 개인적인 사유로 후원 중단을 염두에 두고 있는 경우이다. 기부하던 단체나 사업이 마음에 들지 않아서 중단하거나, 다른 기관을 후원하기 위해서 중단하는 경우는 생각보다 많지 않다. 기부자의 중단 요청을 받은 단체는 기부자와의 관계 단절과 사업 규모 축소 등 여러 가지 측면에서 어려움이 생긴다. 기부자를 획기적으로 늘리는 방법이 존재하지 않듯이, 후원 중단자를 획기적으로 막을 방법은 없다. 그렇다면 후원 중단을 요청하는 기부자에게 어떻게 응대해야 할까?

우선, 해야 할 일은 기부자가 후원하면서 불편했던 점은 없었는지 확인하는 것이다. 앞서 언급했듯이 기부하던 단체나 사업이 마음에 들지 않아 중단하는 일이 자주 발생하는 일은 아니지만, 혹여나 기부자가 후원하면서 불편했거나 어려웠던 점이 있었다면 반드시 파악하고 개선해야 한다. 다른 기부자들도 비슷한 불편을 경험하게 될 가능성이 있으며 앞으로도 반복해서 발생할 수 있기 때문이다. 만약 불편 사항이 단체에서 구조적으로 개선하기 어려운 상황이라면 신규 기부자가 후원을 시작할 때 충분한 홍보와 안내를 통해 기부자가 사전에 인지할 수 있도록 해야 한다.

후원 중에 특별히 불편했던 사항이 없다면, 다음으로 후원 중단 사유를 물어보는 것이 좋다. 중단 사유는 매우 중요한 정보다. 우리 단체 기부자들이 후원을 중단하는 주된 이유를 파악한다면 사전에 후원 중단자를 줄여갈 수 있는 단서를 찾을 수 있다. 종종 모금 방법이나 후원 안내 과정에서 기부자가 이해하지 못하거나 오해하여 후원을 중단하는 경우가 있다. 예를 들어 어느 특정 아동의 얼굴과 이름이 홍보되고 기부자가 후원을 시작했는데 알고 보니 자신의 후원금이 그 아동에게 가는 것이 아니라 다른 나라의 어느 특정 사업에 나가는 것을 알게 되어 중단하는 경우이다. 또는 모금 담당 직원이 후원방법과 사업에 대해서 충분히 기부자에게 설명하지 않았거나, 기부자가 단체 직원의 개인적인 부탁으로 마지못해 후원을 시작하는 경우도 있다. 이런 후원 중단 사유가 발생할 때는 사안을 정확히 파악하여 단체 내에서 협의하거나 교육을 통해 즉각적인 조치를 취하고 개선해 나가야 한다.

만약, 기부자가 경제적인 또는 개인적인 사유에 의해 후원을 중단하고자 할 때는 월 정기 후원금을 감액하거나 소액 후원을 권유하는 것도 좋은 방법이 될 수 있다. 예를 들어 월 5만 원을 후원 중이라면 월 1~2만 원으로 후원금을 감액하거나 월 1~2만 원을 후원하는 기부자에게는 월 1~2천 원의 소액 후원을 권유해보는 것이다. 특히 장기간 후원한 기부자가 중단할 때는 담당자로서 아쉽고 안타까운 마음마저 들기도 한다. 지난 수년간 단체의 사업에 관심을 가진 기부자에 대한 고마움은 비영리단체에서 일하는 사람이라면 누구나 공감할 것이다. 장기 후원 기부자가 후원 중단을 말하는 것은 쉬운 결정이 아니다. 그리고 한번 후원이 중단되면 다시 후원을 시작하기 쉽지 않다. 따라서 기부자가 경제적인 사정을 말하거나 특정한 중단 사유를 언급하지 않는다면, 후원금을 감액하거나 소액 후원으로 단체와 관계를 유지하도록 권유해보자. 긍정적으로 반응하는 기부자도 있다.

(3) 후원금 환급

어떤 기부자는 급하게 자동이체로 돈이 나갈 일이 있어서 자신의 통장에 입금했는데 후원금으로 나갔다며 화를 내면서 지금 바로 환급해달라고 요청하기도 한다. 다른 기부자는 올해와 작년 후원금 모두를 환급하라며 큰소리치기도 한다. 이전의 담당자는 어떻게 했는지 기록도 없다. 이렇게 기부자가 후원금 환급을 요청하면 어떻게 해야 할까? 바로 "알겠습니다! 환급해드리겠습니다."하고 환급받을 계좌번호를 알려달라고 하면 될까? 아무리 생각해도 환급은 아닌 것 같고 그렇다고 해서 무조건 안 된다고 하면 일이 커질 것 같아 망설여진다. 기부자 담당자라면 한 번쯤 있을 법한 일들이다. 이런 난감한 상황에서는 어떻게 대처해야 할까?

한 기부자가 지난해와 올해 정기 후원한 후원금을 모두 환급해달라고 요청한 적이 있었다. 업무 진행이 어려울 정도로 컴플레인이 심했다. 내부적으로 논의한 후 지난해 후원금은 사업에 모두 집행되어 환급이 불가하다고 설득하였고 올해 후원금만 환급하는 것으로 처리하였다. 후원급 환급 요청이 있을 때 우선은 기부자에게 환급처리가 어려움을 충분히 설명하고 이해시켜야 한다. 이를 위해서는 미리 환급 불가 사유를 정리해 놓고 숙지하는 것이 좋다. 기부자에게 충분히 설명했음에도 계속해서 환급을 요청할 때는 부득이하게 환급처리를 위한 절차를 거쳐야 한다.

후원금을 환급해야 하는 상황은 언제든지 발생할 수 있다. 환급은 반드시 내부 결재를 거쳐 진행해야 하는데, 이는 환급처리의 근거를 두어야 하기 때문이다. 기부자에게는 내부적으로 처리하는 데 일정 시간이 걸릴 수 있다고 반드시 안내해야 한다. 기부자는 바로 환급될 것으로 기대할 수도 있다. 특별한 상황이 아니라면 환급은 급하게 처리하지 않도록 하자. 해당 기부금을 환급처리해도 문제는 없는지 확인해야 하며 정해 놓은 절차에 따라 환급을 진행하려면 시간이 걸리기 때문이다.

때로는 매우 급한 상황이 발생하기도 하는데 이때는 먼저 구두로 보고를 한 후에 선 환급, 후 결재를 받을 수도 있다. 그리고 환급을 진행할 때는 반드시 개인 정보를 통해서 본인 확인 과정을 거친 후 환급을 진행해야 하며 출금되었던 본인 명의 통장으로 입금 처리해야 한다. 본인이 아닌 가족이나 타인이 받을 가능성이 있으며 이로 인해 전혀 다른 문제가 발생할 수도 있다. 이러한 환급 건에 대해서는 미리 준비된 지침이 있다면 당황하지 않고 침착하게 대응할 수 있을 것이다. 여기서 지침은 팀 내의 업무 매뉴얼이 될 수도 있고 내부 결재를 거쳐 만든 업무 규정서가 되기도 한다.

(4) 컴플레인 처리

어느 날 기부자로부터 전화가 왔다. 기부자는 자신은 후원 신청을 한 적이 없는데 왜 출금이 되었냐며 매우 흥분한 상태였다. 가입 경로를 살펴보니 기부자가 소속된 회사 메일을 수신한 뒤에 후원 가입이 되었다. 회사와 단체가 온라인 모금 캠페인을 진행한 것으로 보였다. 하지만 본인은 메일을 통해 후원 신청한 적이 없다고 한다. 다시 한번 정확한 가입 일시 기록을 확인하였다. 그래도 혹시나 해서 가족 중 한 분이 메일을 확인하지 않았는지 물어보았고 기부자는 그럴 일 없다면서 전화를 끊었다. 하루 정도 지나 다시 전화가 왔는데 바로 그 기부자였다. 지난 통화에서는 흥분한 목소리였으나 이번에는 침착하게 들렸다. 확인해보니 집에서 기부자의 어린 아들이 자신의 메일 계정 패스워드를 알고 있었고, 자동이체 정보까지 입력한 것이다. 기부자는 큰 금액은 아니니 후원을 유지하겠다고 하였다.

기부자의 컴플레인은 다양하다. 모금 과정에서 기분이 상한 기부자, 가족이 본인도 모르게 자신의 이름으로 후원 신청을 하여 잔뜩 화가 난 기부자, 갑자기 돈이 필요한데 후원금으로 나갔다며 항의하는 기부자, 자신은 분명 후원 중단했는데 왜 돈이 계속 나가냐며 따지는 기부자, 술에 취해서 반복적으로 전화하며 욕을 하는 기부자까지 천차만별이다. 그리고 갑작스럽게 받는 컴플레인은 담당 직원의 감정을 힘들게 만들기도 한다. 한번은 함께 일하는 직원이 거의 한 시간 동안 통화를 하며 기부자의 컴플레인을 처리한 적이 있었다. 통화가 끝난 직원은 잠깐 바람 좀 쐬고 오겠다고 하며 사무실을 나갔다. 이런 상황에서는 동료 직원이 동행하기도 한다. 당시에 부서에서는 컴플레인 처리로 스트레스가 심한 경우 사무실 밖에 나가 기분전환을 하고 올 수 있도록 했다. 컴플레인 처리는 어려운 감정노동이다. 충분한 휴식 시간과 따뜻한 위로가 뒷받침되어야 한다.

　　일부 컴플레인은 통화를 수행한 직원의 실수에서 나오는 것이 아니라 모금 과정 또는 단체에 대한 기부자의 이해 부족에서 나오기 때문에 컴플레인을 처리하는 직원은 억울할 수도 있다. 그러나 기부자와 통화하는 담당자는 단체를 대표하므로 막중한 책임감으로 임할 수밖에 없다. 컴플레인 처리 시 주의할 것은 컴플레인 기부자에게 정답만을 반복적으로 말하지 않도록 해야 한다는 점이다. 여기서 정답이란 원칙적인 답변을 말하는 것으로 진정성 없이 같은 말을 반복적으로 하는 것은 문제 해결에 아무런 도움이 되지 않는다. 기부자의 입장을 수용하지 않는

응대는 기부자에게 이 단체는 말이 안 통한다고 느끼게 만든다. 단체의 미흡한 부분을 지적하는 기부자가 있다면 일단은 수용하고 받아들여야 한다. 단체 측에서 아무리 옳다고 해도 기부자 관리자는 기부자의 입장에서 바라보는 것이 적절하다.

상당수의 컴플레인은 한 번의 통화로 끝나기도 하지만, 내용에 따라 보고를 해야 하거나 타 부서에 전달해야 하는 때가 있다. 이때 신경 써야 할 부분이 있는데 기부자의 말을 신뢰하는 것이 맞지만 절대적일 수는 없다는 것이다. 만약 컴플레인의 원인으로 지목된 직원이 있다면 먼저 직원의 설명을 충분히 들어야 하며, 직원의 실수가 명확할 때 주의를 시키는 것이 적절하다. 그리고 때로는, 재발 방지를 위해 내부 공지나 부서 간 협업이 필요한 때도 있다. 컴플레인은 우선 응대를 잘하는 것이 중요하지만 재발 방지를 위한 후속 조치가 더 중요하다.

대부분의 컴플레인은 충분한 시간 동안 들어주고 수용하는 태도를 유지하면 해결된다. 컴플레인을 하는 기부자도 문제가 해결될 수 있는 것인지 아닌지를 스스로 잘 알고 있으며, 답답하거나 기분이 상한 것을 토로하는 경우가 많다. 기부자는 전화를 받는 직원이 대신해서 컴플레인을 해결하고 있음을 인지하고 있고, 기부자 자신의 상태를 알아주길 바라는 측면이 강하다. 기부자와 충분히 공감하고 적절히 반응하면 기부자는 스스로 정리해간다. 기부자 관리 담당자는 어떤 상황에서도 '기부자는 항상 옳다'라는 생각을 가져야 한다. 때로는 정당하지 못한 요청에 대해서는 단호한 입장을 가져야 할 때도 있다. 이러한 태도는 기부자와의 충분한 소통과 담당자의 노력이 있은 후에 해도 늦지 않다.

(5) 단체에 대한 일반 문의

인바운드 콜 업무를 담당하는 부서와 직원은 업무공유를 통해 기부자의 다양한 문의에 대답해 줄 수 있어야 한다. 업무공유는 주로 기부자 관리 부서 내, 또는 기부자 관리 부서와 타 부서 간 이루어진다. 먼저 부서 간의 업무공유에서 보면, 모금 부서에서 새로운 모금 캠페인을 시작하거나, 단체의 오프라인 행사가 있을 때, 이에 대한 자세한 정보를 콜 담당자에게 알려 주어야 한다. 콜 담당자는 기부자로부터 주로 전화를 받지만 이런 캠페인이나 행사를 보고 단체에 대한 궁금증이 생겨 연락하는 사람들의 전화도 받는다. 이때 대략적인 안내를 바로 할 수 있다면 다시 해당 부서에 전화하지 않아도 된다. 그리고 기부금 영수증 시즌이나 기부자 행사가 진행될 때는 타 부서에 해당 내용을 자세하게 공유해야 한다. 기부자가 기부자 관리 부서가 아닌 타 부서의 전화로 문의하는 때도 많다.

기부자 관리 부서 내에서는 정기 후원금 출금일, 기부자 모임이나 행사 진행, 각종 기념일과 관련된 문자발송, 소식지 발송 등 기부자에게 전달되는 내용을 긴밀하게 공유해야 한다. 어떤 기부자가 무슨 내용으로 문의를 할지 모르기 때문이다. 나이가 많은 어르신은 문자 내용을 이해하지 못해 전화로 확인하는 경우가 있고 문자를 보내지 말라는 기부자도 있다. 생각지 못한 전화가 올 수 있다는 것을 항상 염두에 두고 기부자의 전화에 즉각적인 응대가 가능하도록 최대한 준비해야 한다.

지금까지 콜 업무에 대하여 살펴보았다. 전화 업무는 단순하고 별다른 기술이 없어도 된다고 생각하기 쉽다. 그러나 전혀 그렇지 않다. 기본적인 커뮤니케이션 기술이 있어야 하고 단체에 관한 이해와 지식을 가지고 있어야 하며 자신의 감정을 잘 다룰 수 있어야 한다. 그리고 때로는 큰 인내심을 요구한다. 이러한 콜 업무가 정착되기 위해서는 어떻게 해야 할까? 단체에서 콜 업무를 자체적으로 수행하는 경우 대체로 계약직 형태가 많다. 계약직은 잦은 이직으로 업무의 지속성을 보장할 수 없어 업무 노하우를 쌓아가기 어려우며 이는 기부자 입장에서도 좋지 않다. 기업에서 운영하는 콜센터는 인센티브 제도가 잘 갖추어져 있어서 장기간 전문성을 가지고 업무에 임할 수 있다. 반면에 비영리단체는 인센티브 제도를 도입하거나 정규직 채용하는 것에 대한 부담을 갖는 것으로 보인다. 그러나 기부자는 단체의 상황을 잘 알지 못하며, 전문성이 떨어지는 단체를 한없이 기다려 주지 못한다. 단체는 콜 업무의 전문성을 갖추기 위해 노력해야 한다. 이를 위해서 단계적으로 인센티브 제도를 일부 도입하거나 별도의 급여 테이블을 만들어 현실적인 정규직 운영 방안을 마련하도록 권해본다.

한편으로는, 콜 업무를 외주 업체에 위탁하는 방법도 고려해 볼 수 있는데 이때 몇 가지 감안해야 할 사항들이 있다. 직접 고용형태가 아니므로 단체로서는 고용 부담이 덜하겠지만, 기부자와의 의사소통 책임을 외부에 맡기는 방법이 적절한지, 그리고 의사소통 과정에서 발생하는 문제들을 어떻게 처리할 것인지 검토해야 한다. 정기 기부자를 응대하는 인바운드 처리 과정에서 단체 소속 직원이 아니므로 단체에 대한 지식이 부족하여 전문성이 떨어질 수도 있다. 또한, 부분적인 콜센터 도입도 가능하다. 내가 일하던 단체에서는 일시적인 콜 업무 초과로 인해 아웃바운드(미납 콜, 결연 후원 변경 안내 등)를 외부 콜센터에 단기간 위탁해서 진행한 적이 있다. 단, 전문 콜센터는 최소한의 콜량이 확보되어야 하므로 단체의 콜 업무 대상 기부자 수가 일정 수준(약 2천 명) 이상되어야 한다. 콜센터는 아웃바운드에 최적화되어 있어서 단기간 계약을 맺고 진행하는 방법도 괜찮을 것이다.

 Question
기부자 관리의 좋은 사례로서, 기억에 남는 기부자가 있다면?

기부자 관리를 하면서 기억에 남는 기부자 한 분을 소개하고자 한다. 직장인 여성 A 기부자는 회원 모니터링단 모임에 참석하였다. 어느 날 길거리에서 후원 신청을 하였는데 자신이 후원하는 단체가 믿을만한 곳인지, 어떤 단체인지 늘 궁금해 해왔다고 했다. 4주간의 모니터링단 활동을 잘 마치고 몇 개월 후, 회원의 밤 행사가 있어 모니터링단 회원들도 초청하였다. A 기부자도 신청하면서 기부자 이벤트에 참여하였다. 기부자 이벤트는 회원들의 사연을 신청받아 그중 한 분을 회원의 밤에서 소개하는 것이다. A 기부자는 한 번도 어머니와 같이 문화 행사에 참여한 적이 없어 이번 동행이 처음이었다. 회원의 밤에서 A 기부자는 많은 기부자 앞에서 어머니에게 보내는 감사편지를 읽었고, 어머니는 단체에서 준비한 꽃다발과 케이크를 받았다. 행사가 끝난 후 A 기부자와 어머니는 몇 번이나 고맙다고 인사를 하였다. 돌아가는 두 분의 뒷모습을 보며 얼마나 가슴이 뿌듯했는지 모른다. 아마도 A 기부자는 평생 기부자로 함께 하게 될 것이다. 기부자 관리는 행정업무로 끝나지 않는다. 기부자들과 새로운 신뢰 관계를 만들어가고 소중한 이야기를 펼쳐간다. 기부자 관리가 잘되고 있다는 것을 어디에서 확인할 수 있을까? A 기부자와 같은 기부자가 계속해서 나온다면 기부자 관리의 소중한 결실로 볼 수 있을 것이다.

기부자 관리 통합 운영

　　기부자 관리에서 지향해야 할 이상적인 환경은 기부자가 단체에 전화를 걸었을 때 기부자의 요건이 한 번의 통화로 끝나는 것이다. 앞에서 설명했던 원스톱 서비스이다. 이를 위해서는 전화응대를 하는 담당자가 단체에 관한 기본적인 지식, 그리고 기부자 서비스와 기부금 관리에 대한 이해가 있어야 가능하다. 만약 그렇지 못하다면 기부자의 요건마다 서로 다른 담당자가 통화해야 하는데, 이때 기부자는 불편할 수밖에 없고 단체를 불신하게 된다. 이는 반드시 콜 업무 직원에게만 해당되는 이야기는 아니다. 기부자 담당자라면 누구나 기본적 요건 처리는 할 수 있어야 한다.

　　기부자 관리 통합 운영은 지금까지 살펴보았던 기부자 서비스, 기부금 관리, 콜 업무 등을 하나의 통합된 체계로 만드는 것이다. 한 명의 담당자가 모든 기부자 관리를 한다면 통합 관리의 필요가 없겠지만 2명 이상의 직원이 있는 팀이라면 모두 통합 관리가 요구된다. 담당하고 있는 업무가 달라도 서로의 업무가 어떻게 흘러가고 있는지 대략적인 내용은 알고 있어야 하고, 담당자 부재 시에도 기본적인 업무처리는 가능해야 한다. 이는 기부자 관리가 '일관성'과 '지속성'을 필요로 하기 때문이다. '일관성'은 기부자를 위한 기관의 정책과 서비스가 담당자의 부재나 변동 여부와 관계없이 기부자들에게 동일하게 적용되는 것이며 '지속성'은 기부자를 위한 서비스가 적정한 시기와 상황에 맞게 빠짐없이 제공되는 것이다. 다시 말해 담당자가 누구냐에 따라 기부자 관리 업무처리가 달라지거나(일관성), 누락되지 않고 유지된다는(지속성) 뜻이다.

1) 기부자 관리 통합화

(1) 월 업무회의

월 업무회의는 기부자 관리 부서에서 한 달 동안 수행한 업무를 함께 공유하는 시간이다. 회의의 초점은 실수로 놓친 업무는 없는지 검토하고 사업 계획에 따라 진행되고 있는지 확인하는 데에만 있지 않다. 물론 회의에서 기본적으로 다루기도 하지만 이보다는 각자의 업무 고충이 무엇이었고 예외적인 상황들을 어떻게 처리할지 함께 논의하는 시간이다. 서비스 측면과 후원금 관리 측면에서, 그리고 기부자 응대의 콜 업무 측면에서 각각 발표하고 정리하면 좋다. 이를 통해 기부자 관리라는 전체의 흐름 속에서 다른 파트의 업무가 어떻게 진행되고 있는지 볼 수 있다.

회의는 지난달 업무의 미비한 점을 평가하는 것에만 머물러서는 안 된다. 평가만을 위한 회의를 매월 진행하는 것은 소모적이다. 컴플레인 처리로 수고했던 직원을 격려하고 새로운 아이디어를 낸 직원을 칭찬하는 시간이 되어야 한다. 직원 개인의 실수에 주목하기보다 부서의 업무 시스템을 개선해서 실수를 해결하는 방법을 찾는 것이 좋다. 회의 시간에 새롭게 결정된 업무 또는 변경된 업무는 업무 매뉴얼에 즉시 반영하자. 회의를 위한 회의가 아니라 업무의 개선과 직원의 임파워먼트(Empowerment)가 이루어질 수 있는 회의가 월 업무회의의 목적이다.

임파워먼트는 "조직 현장의 구성원에게 업무 재량을 위임하고 자주적이고 주체적인 체제 속에서 사람이나 조직의 의욕과 성과를 끌어내기 위한 '권한 부여', '권한 이양'의 의미"이다. 기부자 관리는 주어진 일을 수동적으로 수행하는 것으로 인식하기 쉽다. 기부자가 원하면 정보를 변경하고, 생일이 되면 축하 문자를 보내고, 정기 소식지 발송 시기가 되면 발송한다. 담당자가 주도적으로 수행한다는 느낌을 받기 어려울 수 있다. 그러나 기부자 서비스 내용을 새롭게 기획한다든지, 기부자의 선호를 반영한 모금 콘텐츠를 직접 만들어 진행하고, 기부자가 좋아할 만한 새로운 통화 스크립트로 변경하는 등 직원이 자기 주체적으로 업무를 진행할 수 있는 임파워먼트는 기부자 관리가 발전하는데 중요한 요소가 될 수 있다. 월 업무회의는 지난 한 달 동안 각자가 주도했던 업무를 중심으로 돌아보고 더 발전할 수 있는 방향에서 진행되어야 한다.

(2) 직원 간-부서 간 업무 소통

직원 간-부서 간 업무 소통은 근무하는 시간 동안 수시로 이루어진다. 예를 들어 고액 정기 기부자가 후원 신청을 하였다고 하자. 우선은 모금 부서의 신규 개발 담당자와 소통하여 어떤 관리가 필요한지 먼저 확인한 후, 기부자 관리 담당자는 예우 서비스 계획을 세워야 하며, 추후 정기 후원이 잘 되고 있는지 후원 상황을 주의 깊게 살펴야 한다. 다른 예로, 정기 후원자의 강한 컴플레인이 발생했다고 하자. 이를 접수한 담당자는 관리 프로그램에 통화 이력을 자세하게 남긴 후에 관리 부서 내 팀원들에게 공지해야 한다. 혹시 다른 직원이 소통하게 될 때 미리 주의해야 하기 때문이다. 그리고, 어떻게 서비스를 마무리할지 결정하고, 정기 후원이 되지 않도록 즉각적인 중단 조치를 해야 한다. 기부자가 한 명이듯 업무를 처리하는 각각의 다른 직원들도 마치 한 몸처럼 움직여야 한다. 이를 위해서는 직원 간-부서 간 업무 소통이 실시간으로 긴밀하게 이루어지는게 중요하다. 기억할 것은 '서로의 업무에 관심을 가지지 않으면 기부자가 불편해진다.'라는 사실이다. 아무리 각자의 업무가 전문화되고 높은 성과를 보인다 해도 단체 내의 소통 부재로 인한 문제가 지속해서 발생한다면 좋은 성과를 유지하기 어렵다.

(3) 업무 매뉴얼과 업무 규정서

업무 매뉴얼은 기부자 관리의 주요업무내용이 모두 들어가 있어야 한다. 업무 매뉴얼이 없는 단체도 많을 것이다. 업무를 이전의 담당자가 하던 대로 하거나, 아니면 인수인계를 받지 못해서 방향도 잡지 못한 채 업무를 수행하고 있을 수도 있다. 업무 매뉴얼은 선택사항이 아니라 필수사항이다. 번거로운 내부 결재과정은 생략하고 직원 누구라도 자신의 업무내용을 언제든지 업데이트할 수 있도록 해야 한다. 자세한 사항까지 모두 작성하기 어렵다면 우선은 주요 내용을 과정별로 요약해서 설명하고, 관리 프로그램에서 중요한 화면은 캡처해서 매뉴얼에 삽입해 두어야 한다.

단체마다 명칭이나 방식의 차이가 있긴 하겠으나 내부 결재를 통해 공식적으로 확정된 업무 규정서를 마련해 두는 것이 좋다. 후원금 환급, 기부자 개인 정보 관리 규칙, 기부자 데이터 삭제 등과 같은 일은 한 개인이나 부서에서 자체적으로 결정할 수 있는 내용이 아니다. 진행 방법과 절차를 미리 정해야 하며 임의대로 처리되지 않도록 해야 한다. 업무 매뉴얼은 부서 내의 일반적인 업무내용과 처리 방식을 정리한 것이고, 필요에 따라 수시로 업데이트가 가능하다. 반면에 업무 규정서는 단체 내에서 정해 놓은 절차에 따라 진행해야 하는 업무내용을 정리한 것이며 업무 매뉴얼보다는 상위개념이라고 볼 수 있다.

비영리단체에서 일하면서 종종 보게 되는 것은 잦은 인사이동과 이직이다. 기부자가 컴플레인을 하거나 후원금 출/입금 관리에서 문제가 발생하지 않는 이상 기부자 관리는 별다른 문제가 없는 것처럼 보인다. 당장은 문제가 크게 나타나지는 않겠지만, 시간이 지날수록 후원 유지율과 후원 납부율은 떨어진다. 기부자 관리는 세심하게 신경을 써야 할 일들이 많은 업무이다. 한 명의 기부자와 관련된 일도 많을뿐더러 관련 업무를 처리하기 위해서는 담당자들 간의 소통이 긴밀하게 이루어져야 한다.

담당자 변경이 없는 안정적인 업무환경이 무엇보다 필요하다. 기부자 관리가 통합적으로 운영된다면 부득이한 상황에서 일어나는 인사이동이나 이직 등으로 인한 업무 누수는 최소화할 수 있다. 이는 무엇보다 기부자가 불편함 없이 후원을 지속하는 데 도움을 줄 수 있을 것이다.

2) 기부금 처리와 사업비 확정

한 번은 기업으로부터 고액의 후원금이 입금되었다. 사내 직원들과 기업이 자체적으로 모금하여 기부한 후원금이었고, 직원 개개인이 후원한 금액과 똑같은 금액을 기업이 더 해서 후원하는 방식으로 진행되었다. 후원 기업의 담당자는 연말이 되어 기부금 영수증 발급을 위해 수백 명에 이르는 명단을 보내왔다. 우리 기부금 담당자는 그 기업 직원들 한 명 한 명의 기부 정보를 정리하고 기부금 영수증을 발급하느라 며칠을 고생했다. 의미 있는 모금행사일수록 손이 많이 가는 일이 되기도 한다.

기부금 처리는 기부금 내역을 관리 프로그램에 입력하여 데이터화함으로써 언제라도 자료를 열람할 수 있도록 하는 과정이다. 얼핏 보면 매우 간단하고 쉬운 일로 보인다. 그런데 후원금을 기부자와 연결하여 처리하는 과정에는 신경 써야 할 일이 많다. 정기 후원금은 앞서 살펴본 대로 출금 신청 과정에서 확인하고 처리해야 할 일이 많긴 하지만, 관리 프로그램이 기부자 개인 정보를 바탕으로 어느 기부자가 얼마를 후원했는지 정확히 매칭하여 처리하므로 그나마 일이 수월한 편이다. 반면에 일시 후원금은 입금자의 개인 정보가 없는 상태로 후원금이 입금만 되는 경우가 수시로 일어나고, 위의 사례에서처럼 한 건으로 입금된 고액 후원금을 수백 명의 기부자로 나누어 입금 처리를 해야 하는 경우 등 복잡한 일들이 일어나기도 한다.

기부금 처리는 기부금 내역을 관리 프로그램에 입력한다고 해서 끝나지 않는다. 타 부서와 협업하는 과정이 필요하다. 그래서 여기서는 크게 두 가지 과정으로 나눠 보고자 하는데, 하나는 기부자의 후원사업에 맞게 기부금을 처리하는 것이고, 다른 하나는 그 기부금이 해당 사업에 후원되었음을 관련 부서(모금 부서, 회계팀)와 확인하는 일이다. 간단히 말하면, 전자는 '기부금 처리 과정'에 해당하고 후자는 '사업비 확정 과정'이라고 볼 수 있다. 기부금 처리는 기부금 영수증의 근거가 되고, 사업비 확정은 기부금의 목적을 확정 짓는 일로 해당 사업비로 집행의 근거가 된다. 이 두 과정은 반드시 순차적으로 진행되는 것은 아니다. 예를 들어 모금 부서에서 특정 사업을 위한 지정 기부금으로 후원을 받기로 했다면 아직 입금은 되지 않았더라도, 기부금의 목적과 사업내용은 이미 확정된 것이다. 이때는 통장에 입금되는 되는 즉시 기부금 처리가 가능하다.

이러한 과정들은 단체의 투명성, 윤리성과 직접 연결된다. 모든 기부금은 반드시 목적에 맞게 사용돼야 한다. 기부자 관리 담당자는 기부금을 정확하게 처리하고 관련 부서와 협업이 원활하게 진행될 수 있도록 해야 한다. 어찌 보면 당연한 일이지만 실제로는 사안마다 고려할 내용과 뜻하지 않은 변수가 많아 노련한 일처리가 요구된다.

* 기부금 처리 과정

　　돈에는 이름이나 목적이 쓰여있지 않다. 돈은 누구나 소유할 수 있고 어디에나 쓰일 수 있다. 그래서 돈을 주는 사람과 받는 사람 사이에서 돈의 목적에 대한 약속이 중요하다. 기부금 처리는 이러한 약속을 이행하는 과정으로 돈의 목적에 기부자의 이름과 사업명을 붙이는 일이라고 볼 수 있다. 기부금이 제대로 사용될 수 있도록 일종의 꼬리표가 붙는 것이다. 하지만 기부금이 전달될 때 기부자 정보와 후원사업이 모두 명확하게 들어오지 않는 경우도 있다. 후원금이 입금은 되었는데 누가 어떤 사업에 후원을 하였는지 바로 확인이 되지 않을 때도 있고, 때로는 종료된 후원사업인데 후원금이 들어와서 환급해야 하는 상황이 발생하기도 한다.

　　후원금에 관하여 기부자와 단체의 상호 약속도 중요하지만, 기부금 처리에 대한 단체 내의 상호 약속도 중요하다. 같은 후원금에 대해서 기부자 관리 부서에서는 A라는 사업으로 기부금을 처리하였는데, 회계 부서나 사업 부서에서 B라는 사업으로 집행되었다면 문제는 심각해진다. 기부자에게 A라는 사업으로 피드백(사업 보고)을 해야 하는데 실제 집행은 B라는 사업으로 되었다면 단체에 대한 신뢰는 바닥으로 떨어지게 된다. 물론 이러한 일은 쉽게 발생하지는 않겠지만 항상 주의가 필요하다. 기부금 처리를 어떤 과정으로 진행할 것인지 사전에 조율하고 확정하는 것이 바람직하다.

예를 들면 익명의 기부금이나 종료된 사업에 대한 기부금은 어떻게 처리할 것인지 단체의 내부 규칙에 근거하여 회계 부서와 사전에 결정해 놓는 것이다. 그리고 예외적인 상황에서 명확한 기부금 처리가 어려운 경우는 반드시 내부 절차를 거쳐 진행해야만 한다. 모르는 기부금이 들어왔으니 단체가 필요한 곳에 써도 된다고 생각하면 큰 오산이다. 대가 없는 돈은 존재할 수 없으며 이름 없는 돈은 언젠가 반드시 주인이 찾아온다. 어떤 경우라도 기부금 처리 과정과 사업 결과를 기부자에게 즉각적으로 투명하게 보여줄 수 있어야 한다.

정확한 기부금 처리는 기부금을 분석하는 과정에서 매우 유용한 자료가 된다. 단체의 연간 총 기부금 액수와 세부 사업별 규모를 파악할 수 있고, 전년도 대비 어떤 사업이 확장되고 축소되었는지, 어떤 모금 콘텐츠와 모금 방법이 효과적이었는지 확인할 수 있다. 매년 이러한 분석 자료를 잘 정리하고 축적해 놓으면 향후 사업과 모금 방향에 대한 의미 있는 정책안을 만들어 낼 수도 있다.

* 사업비 확정 과정
    매월 회계 부서, 모금 부서와 함께 후원금과 사업명을 확

인하도록 하자. 출처가 명확하지 않은 후원금이나, 특별한 목적으로 지정된 후원금 등은 관련 부서가 함께 확인하고 공식화해야 한다. 직원 개인이나 어느 한 부서에서 임의로 처리하지 않도록 해야 한다. 단체의 투명성은 전혀 새로운 무언가에서 나오지 않는다. 우리가 매일 하는 일들의 과정에서 나온다. 단체 안에서 모금 담당자, 기부자 담당자, 회계 담당자, 사업 담당자 등이 유기적으로 연결되고 일관성을 갖는 것이 중요하다. 이렇게 공식적이고 공개된 업무 과정을 통해 단체의 신뢰성과 투명성은 점차 향상될 것이다.

특히 기부자 관리 부서는 회계 부서와 매우 긴밀한 관계에 있다. 실제 지출을 담당하고 있는 회계 부서에서 기부금에 관한 정확한 정보를 파악하는 것은 사업이 투명하고 정확하게 실행되는 데 큰 역할을 한다. 기부금 현황을 정확히 파악하지 않으면 기부금 영수증 발급부터 사업 실행까지 모든 영역에서 혼란이 야기된다. 기부자 관리 부서와 회계 부서가 정확하게 기부금을 파악하고 맞추는 일은 옷에 비유하면 첫 단추를 끼우는 일이다. 첫 단추가 잘못 끼워지면 옷매무새는 망가지고, 아무리 훌륭한 옷을 입어도 우스운 꼴이 된다.

기부자 관리의 가장 큰 보람과 동기는 무엇일까? 아마도 기부자들의 후원금이 그 목적과 대상에 맞게 전해져 사업이 충실하게 진행되고, 사업의 결실을 기부자들에게 다시 전달하는 것이 아닐까 싶다. 단체의 윤리성과 투명성은 이 모든 과정에서 자연스럽게 나타나는 것이며 무엇보다 기부자의 만족도와 후원 동기가 높아질 수 있다. 이는 반드시 규모 있는 단체에만 해당하는 것 이 아니다. 규모를 떠나서 모든 단체에 적용된다. 하지만 상당수의 단체가 사업비 확정 과정을 거치지 않거나 아예 생각조차 하지 않는다. 이는 모든 직원이 바쁜 업무 일정을 소화하기도 쉽지 않고 단체 운영에 당장 크게 문제가 되지 않기 때문일 것이다. 그러나 반드시 사업비 확정 과정을 만들기를 바란다. 사업비 확정 과정은 단체가 목적과 방향에 맞게 가고 있는지 확인할 수 있는 기준이 될 수 있으며, 점차 높아지고 있는 단체의 투명성에 대한 사회적 기대에도 부합하는 일이기도 하다.

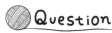 Question
기부자 관리는 너무 어려운 일인것 같습니다.
꼭 기억해야할 내용을 한마디로 표현할 수 있을까요?

인간관계에서 서로 친해지기 위해서는 밥도 먹고 차를 마시며 많은 시간을 함께 보낸다. 관계의 질은 절대적으로 양적 시간에 비례하지는 않아도 '최소한의 양적 시간'을 요구한다. 개인 간에 밥 한 번 사줬다고 갑자기 친밀도가 높아지지는 않지만, 꾸준한 교류와 표현은 좋은 친밀도가 떨어지지 않게 유지하는 데 도움을 준다. 기부자 관리도 마찬가지다. 비영리단체는 기부자들에게 마음을 전하는데 소홀해서는 안 된다. 단체의 서비스가 좋아졌거나 강화되었다고 해서 기부자가 바로 후원금을 증액하지는 않으나 서비스를 받은 기부자는 자신이 후원하는 단체가 전해준 감사와 신뢰의 마음을 기억한다. 기부자 서비스는 현재의 친밀도와 관계를 강화하기 위한 시도이면서, 친밀도와 관계의 질이 떨어지지 않게 하기 위한 최소한의 노력이다. 이와 더불어 정확한 일정에 맞춰 후원금이 출금되고 언제든지 필요하면 기부금 영수증을 발급받을 수 있어야 하고, 기부자가 변경사항이 있을 때 전화해서 자신의 요건이 처리될 수 있어야 한다. 이 모든 것이 통합되어 유기적으로 돌아갈 때 기부자는 보다 편안하게 후원을 지속할 수 있게 되고 더 나아가 단체에 기여할 수 있는 방법을 스스로 찾아보게 될 것이다.

기부자 관리는 업무성과나 효율성, 비용 절감 등의 기준을 지나치게 강조하면 할 수 있는 것이 많지 않다. 반대로 관리와 서비스를 갑자기 강화한다고 해서 후원 중단자가 확연히 줄어들거나 후원금이 증가하지는 않는다. 여기서 주목할 부분은 기부자를 바라보는 관점이 '단체 운영을 위한 단순한 기부자'로 보는가 아니면 '단체를 함께 운영하는 주체적인 멤버십'으로 보는가의 차이다. 단순한 기부자로 본다면 최소한의 서비스만 제공하면 되고, 중요한 멤버십으로 본다면 기본적인 서비스뿐 아니라 예우 서비스까지 갖춰야 할 것이다. 그리고 무엇보다 단체가 아무리 사업 잘하고 비용을 절감했다 하더라도 기부자에게 서비스를 통해서 적절한 사업 보고와 감사의 표현이 전달되지 않으면 기부자는 단체가 사업을 위해 얼마나 노력하는지 알 방법이 없으며, 충분한 소속감을 경험하지 못함과 동시에 멤버십 형성도 부족할 수밖에 없다. 꾸준히 신뢰를 쌓는 과정을 거치다 보면 기부자의 반응도 분명 좋아지고 단체에 기여하고자 하는 마음도 커질 것이다. 기부자 관리자가 기억해야 할 한마디를 묻는다면 다음과 같이 답하고 싶다.

"모든 관계는 낭비 없이 유지되기 어렵다."

-기부자의 알 권리 -

1. 단체의 비전과 사명, 그 목적 달성을 위해 모금된 자원의 효율적 관리와 사용 방법, 이와 관련한 단체의 관리 역량에 대해 알 권리가 있다.

2. 이사회의 구성원이 누구인지, 이사회가 사회적 책임성을 갖고 신중한 결정을 할 것을 기대하고 요구할 권리가 있다.

3. 단체의 재무보고 및 사업 연례보고를 열람할 권리가 있다.

4. 자신의 기부금이 목적사업에 맞게 사용되는지 확인할 수 있는 권리가 있다.

5. 자신의 기부금이 잘 수령되었다는 확인을 받을 권리가 있다.

6. 법이 정하는 바에 따라 개인 및 기부 정보의 비밀을 보장받을 권리가 있다.

7. 단체의 모든 업무 담당자들과의 관계에서 전문성을 기대할 권리가 있다.

8. 기부 요청자가 자원봉사자인지, 직원인지, 혹은 고용된 모금활동가인지를 알 권리가 있다.

9. 기관이 공유하고자 하는 메일링 리스트에서 자신의 이름의 삭제를 요구할 권리가 있다.

10. 기부 시 자유롭게 질문할 권리가 있고 신속하고 정직한 답변을 받을 권리가 있다.

출처: KAFP(한국모금가협회)

step 2. 기부자 모금, 시도해 보자!

우리는

기부자

모금합니다

01. 현대 사회 트렌드 변화와 기부자

　　이제부터 기부자 모금에 대하여 본격적으로 이야기 하려고 한다. 사실 기부자 모금에 관하여 이야기하기엔 책 한 권의 분량이 모자랄 것이다. 모금의 경험이 없는 사람들부터 수년간 모금 경험을 쌓은 전문가들에 이르기까지 공감하고 배우기에 이 책의 내용이 부족할 수도 있다. 하지만 기부자 관리를 하면서 모금을 어떻게 시작해야 할지 어려워하는 분들을 많이 보았기에 기부자 모금의 기본적인 이해와 방향을 중심으로 다루어보고자 한다. 그리고 한가지 기억해야 할 것은 지금까지 살펴본 기부자 관리의 연장선에서 기부자 모금을 바라봐야 한다는 사실이다. 좋은 기부자 모금은 좋은 기부자 관리에서 나온다.

　　기부자 모금 강의를 할 때면 내가 처음으로 진행했던 모금 경험을 언급하는데, 이는 아직 기부자 모금을 실행해보지 못한 분들에게 용기를 보태고 싶어서다. 당시에는 소속 단체에서 후원 중인 기부자를 대상으로 본격적으로 모금을 시도하지 않았을 시기였다. 정기 후원 증액 메일을 발송하고자 준비하는 과정에서 기부자들의 반응이 어떠할지 무척이나 궁금했고 한편으로는 조금 떨리기도 했다. "지금 후원하고 있는데 왜 이런 거를 보내느냐?"라며 컴플레인을 할지 모른다는 생각에 수만 명에게 보내질 메일 발송 버튼을 클릭할지 잠시 고민하기도 했다. 실제 모금이 진행되었을 때는 기부자들의 반응이 전혀 달랐다. 과연 어떠했을까?

기부자 모금은 단체의 정기 기부자를 대상으로 하는 모금이므로 기부자 관리 영역 안에 있다. 기부자 모금을 별도로 다룬 이유는 일반적인 모금의 성격과 다른 부분을 설명하고, 기부자 모금이 기부자 관리의 연장선에 있음을 이해하기 위해서이다. 곧바로 들어가기 전에 최근 마케팅의 트렌드를 잠시 언급하고 어떤 관점으로 기부자 모금을 하는 것이 바람직할지 알아보도록 하겠다.

상품 판매가 아닌 고객 경험

지난 몇 년간 미국의 대형 백화점과 오프라인 마트들이 줄줄이 도산하였다. 거대 온라인 기업 아마존이 그 원인 중에 하나다. 온라인 상품 구매가 증가하면서 사람들은 굳이 매장에 가서 상품을 구매하지 않는다. SNS에 올라온 구매 후기를 보고 아마존에서 저렴하게 상품을 주문하는 것이다. 이러한 구매 패턴의 변화는 모두가 이미 알고 있다. 그러나 최근 아마존은 반대로 오프라인 '아마존 북스'를 곳곳에서 개점하기 시작했다. 우리가 익히 알고 있는 매장 형태의 서점이다. 초대형 온라인 기업이 오프라인 서점을 개점하는 것이 전혀 어울리지 않지만, 매장 수는 점차 증가하고 있다. 이 서점은 전통적인 분류 기준인 주제별 책 분류를 하지 않는다. 전자책 킨들에서 4.8 이상 좋은 평점을 받은 서적, 해변에 가져갈 책, 유명 인사가 추천한 책, 시애틀에서 인기 있는 책 등 빅데이터를 기반으로 온라인의 장점을 오프라인에서 경험할 수 있도록 기획된 서점이다.

일본에는 문화공간으로 관심받는 장소가 있는데 바로 츠타야 서점이다. 이 서점도 주제별로 책을 전시하지 않는다. 일반 서점과는 전혀 다르게 독자들의 라이프 스타일을 중심으로 전시한다. 그래서 여행 코너에는 여행 관련 책들만 있는 것이 아니라 각 나라의 여행에 필요한 회화책, 여행 가방, 다양한 여행 물품 등이 디스플레이 되어 있다. 그리고 코너 한 쪽에 여행사가 들어와 있다. 츠타야 서점은 카페를 비롯해 멋지고 아름다운 공간으로 기획되었다. 온종일 앉아서 책을 보아도 매장 직원은 관여하지 않는다. 장시간 머물고 싶도록 유혹한다. 그곳에 있는 것만으로 문화를 경험하는 기분이 들게 한다. 가보지 않은 사람은 있지만 한 번만 간 사람은 없다고 할 정도다.

한 전문가는 이러한 트렌드를 '상품 판매가 아닌 고객 경험'의 시대라고 정의한다. 이제 고객은 '상품'을 구매하는 것이 아니라 '경험'을 구매한다. 아마존 북스는 온라인의 경험을, 츠타야 서점은 문화의 경험을 오프라인 매장에서 제공한다. 고객은 더이상 오프라인 매장에 가서 상품을 구매하지 않는다. 고객이 오프라인 매장에 나오는 이유를 아마존과 츠타야는 찾아냈고 그중 하나가 바로 경험을 구매하게 하는 것이다. 그렇다면 우리는 기부자에게 어떤 경험을 제공하고 있을까?

사업 후원이 아닌 기부자 경험

우리가 접하는 기부자는 이러한 트렌드 속에 사는 바로 그 고객이다. 고객의 일상을 사는 기부자는 자신이 의식하든 의식하지 못하든 후원 중인 비영리단체에 고객의 요구를 전달한다. 기업의 콜센터와 통화하는 수준만큼 비영리단체와 소통하길 원하거나, 기업의 신속하고 정확한 서비스의 수준을 단체에도 기대할 수도 있다. 반드시 기업이 아니더라도 다른 후원 단체의 서비스를 우리 단체와 비교할 수 있다. 지금의 사회는 엄청난 변화를 경험하고 있다. 어쩌면 우리는 우리에게 맡겨진 사업과 업무에 몰입되어 트렌디한 사회 속에 사는 기부자를 잘 모르고 있는지도, 아니면 비영리단체는 돈 많은 기업과는 다를 수밖에 없다며 결론을 지어놓은 채 기부자를 바라보고 있는지도 모르겠다.

앞서 언급했던 내가 진행한 모금의 결과는 어떠했을까? 모금 타깃(target)은 국내의 저소득 가정 지원 사업을 후원하는 수만 명의 기부자였고 모금 콘텐츠는 해외 사업 정기 후원 증액 이었다. 즉, 국내 사업을 후원하는 기부자에게 해외의 어린이를 지원하는 사업에 후원을 요청한 것이다. 기부자의 반응은 기대 했던 것 이상으로 좋았다. 메일을 받은 기부자는 국내 사업에만 관심이 있지 않았다. 해외의 어려운 아동들에게도 많은 관심이 있었다. 그동안 후원 요청을 통해서 먼저 알려주지 않았을 뿐 이다. 많은 기부자는 자신이 매월 후원하는 국내 사업 후원 이 외에 해외 사업 후원을 증액하였다. 적게는 몇천 원에서 많게는 수만 원에 이르기까지 다양했다. 그리고 모금 메일에 대한 기 부자의 컴플레인은 없었다. 내가 이전에 신규 개발 모금 경험 이 있었기에 이와 같은 기부자 메일 모금을 실행해 볼 수 있었 던 것은 사실이지만, 기부자 모금은 처음이었고 기부자들이 기 분이 상하거나 강력하게 항의하면 어떻게 해야 할까 하는 생각 은 쉽게 지울 수 없었다. 어떤 일이든 해보지 않고 후회하는 것 보다, 후회하게 되더라도 해보는 게 맞는 것 같다. 처음 진행했 던 기부자 모금이 순조롭게 끝나게 되어 이후부터는 기부자 대 상을 좀 더 세분화(CRM)하여 모금을 시도해볼 수 있었다.

'상품 판매가 아닌 고객 경험'을 비영리 영역으로 옮겨보 면 '사업 후원이 아닌 기부자 경험'으로 바꿀 수 있을 것이다. 기부자를 사업을 후원하는 대상으로 보는 것이 아니라, 기부자 경험의 대상으로 보는 것이다. 그렇다면 기부자 모금은 '기부자의 경험을 창출/확대하는 일'이라고 볼 수 있다. 앞선 기부자 모금 사례를 기부자 경험에 비추어 본다면, 국내 사업을 후원 중인 기부자는 해외 사업 후원이라는 기부자 경험을 적극적으로 받아들인 것이다. 단체 측에서 볼 때는 기부자가 사업 모금에 참여한 것이지만 기부자 입장에서는 자신의 기부 경험을 확대한 것이다. 기부자는 이전에 있었던 기부자 경험(정기 후원을 하는 동안의 기부 경험)이 좋았기에 새로운 해외 사업에 더 증액하여 기부자 경험을 확대하길 원했다. 그리고 이전의 기부자 경험이 좋았다는 것은 기부자 서비스가 뒷받침되었기 때문이라고 보아도 좋을 것이다. (기부자 서비스도 마찬가지다. 기부자 서비스를 통해 긍정적인 기부자 경험을 하였다면 기부자는 후원을 지속하리라 예상할 수 있다. 즉 기부자 서비스는 후원 유지에 이바지한다고 가정할 수 있는 것이다.)

마케팅에서 CRM의 기본적인 관점은 고객들의 필요와 욕구를 이해하고 이를 충족시키는 데 있다. 그래서 일반적인 대중 마케팅과는 차이가 있다. 대중 마케팅은 불특정다수를 상대로 하지만 CRM은 고객의 인구 통계적 특징, 과거 구매패턴, 고객의 반응 등 상세한 고객정보(기부자 관리를 통해 축적한 정보)를 기초로 접근한다. 일방적이 아닌 쌍방향이면서 개별적인 커뮤니케이션(온라인과 콜센터 활용)이 필수적이며, 고객정보를 데이터베이스로 구축(기부자 관리 프로그램)하여야 한다.

CRM이 기부자 모금에 적절한 이유는 무엇일까. 과거의 기부 트렌드는 "기부를 하는가?"였다면, 현재는 "어디에 기부하는가?"이다. 기부처도 다양해지고 많아졌으며, 기부자들은 이전보다 훨씬 기부지식이 풍부해졌을 뿐 아니라 분석적이다. 또한, 단체의 신뢰성과 윤리성에 대한 기대가 높아진 만큼 단체에 더 엄격한 요구를 하고 있다. 단순하고 막연하게 지속적인 후원을 기대해서는 안될 이유가 많아진 것이다. CRM은 이러한 기부환경에 적합한 해법이 될 수 있다. 기부자의 특성을 기반으로 모금을 하므로 전략적이면서 안정적이며, 기부자 관리 측면에서도 효율적이고 맞춤형 관리를 통해서 후원의 지속성을 향상시켜 나갈 수 있다.

CRM은 고객의 특성을 분석하여 고객에게 맞는 서비스나 상품을 제시한다. 내가 국내 사업 정기 기부자에게 해외 사업 정기 후원 증액 모금을 진행한 것은 CRM의 개념에서 아이디어를 얻은 것이다. 국내의 저소득 가정의 아동을 후원하는 기부자는 해외의 아동에게도 관심이 있으리라 예측하였다. 예측은 적절했고, 기부자들은 새로운 기부 경험을 적극적으로 받아들였다. 단체마다 기부자의 고유한 특성이 있다. 기부자들의 특성을 세부적으로 관찰하고 분석하다 보면 새로운 모금 콘텐츠를 제시할 수 있는 아이디어를 얻을 수 있게 된다. 우리 단체의 기부자를 잘 아는 만큼 모금의 성과는 기대 이상으로 나올 것이다. 기부자들은 항상 후원할 준비가 되어 있다.

02. 기부자 서비스에서 한 걸음 더

이전에 빵 가게에서는 빵만 팔았다. 언제부터인가 점차 카페형으로 바뀌면서 커피도 함께 판매하고 편하게 앉을 수 있는 자리도 생겼다. 요즘 동네에 있는 독서실도 카페형으로 바뀌고 있다. 독서실에서 무료로 제공해주는 아메리카노와 간단한 간식을 먹으며, 자유롭게 넓은 책상에서 공부해도 되고 자신이 원하면 혼자 사용하는 독실에서 공부해도 된다. 또한, 전형적인 오피스 구조도 해체되고 있다. 마치 독서실처럼 책상만 가득 붙어있던 사무실에서 탈피하여 작더라도 자유공간을 만들려고 노력한다. 특히 1인 기업과 창업이 급격히 증가하면서 공유 오피스가 많아지는 추세이다. 어떤 공유 오피스는 비영리단체만을 위해 운영되기도 한다.

기술이 발전하고 트렌드가 변화하면서 마케팅과 기업 형태도 바뀌고 있다. 그런데 이러한 변화는 그냥 만들어졌을까? 누군가가 기획하고 만들었을 것이다. 우리 비영리단체는 어떨까? 최근에 규모는 작지만 새로우면서도 사회적 요구를 반영하는 사업들이 꾸준히 등장하고 있다. 장애아이들 맞춤형 놀이터 사업, 아이들을 위한 학교 공간 개선사업, 사회적 약자의 일자리 창출을 목적으로 한 사회적 기업, 사회적 기업을 대상으로 하는 투자 전문 사회적 기업에 이르기까지 비영리 영역은 넓게 확대되어 이제는 영리 영역과 광범위하게 공유하고 있다.

기부자들은 항상 그대로 있지 않다. 기부자들도 변화하고 움직인다. 더구나 두 곳 이상의 단체를 후원하는 기부자 비율도 높다. 그렇다면 우리 단체는 다른 단체와 어떻게 차별화하여 기부자 관리를 해야 할까? 이 질문에 대한 진지한 고민이 기부자 모금에 대한 대답으로 이어질 것이다.

우리 단체만의 차별화된 기부자 서비스

'어떤 기부자도 자신이 후원하는 단체가 완벽해서 후원하는 것이 아니다. 기부자는 비영리단체가 재정이나 인적 자원이 넉넉하지 않다는 것을 알고 있다. 단체가 무엇인가를 보여주려고 노력만 한다면 응답하는 기부자는 항상 있다.'

무언가를 기획한다는 것은 처음에는 막막하기도 하며 진행하는것 또한 그리 쉽지 않은 일이다. 실제로 경험해 보지 못한 일을 마치 해본 것처럼 만들어야 하고 실제로는 잘되지 않을 수도 있다. 더구나 기획과정부터 결과물을 소개하는 일, 그리고 함께 공감할 수 있는 접점을 찾는 일까지 어렵지 않은 일이 없다. 기부자 서비스 기획에서는, 내가 기부자 관리를 하며 소중한 경험으로 남겨진 '회원 모니터링단'과 '하이파이브 프로젝트' 사례를 중심으로 설명하겠다. 회원 모니터링단은 기부자와 소통하기 위해 만들어진 모임으로 기부자가 단체를 이해하고, 기부자의 의견이 단체운영에 반영될 수 있는 장으로써 기획하였다. 그리고 하이파이브 프로젝트는 어떤 서비스가 기부자의 후원 동기를 촉진하는지 확인하고자 1년간 진행한 기부자 서비스 기획 프로젝트이다.

1) 회원 모니터링단

일회성에 그치는 기부자 행사에서 벗어나 단체의 사업과 운영에 좀 더 관심을 가지고 함께 논의할 수 있는 프로그램을 만들고 싶었다. 그래서 4주 과정의 회원 모니터링단을 기획하기 시작했다. 이후 실제로 운영하면서 이런저런 걱정들이 앞서는 때도 있었다. 기부자들이 한두 번도 아니고 4주 기간 동안 단체를 방문할 수 있을까? 기부자들이 단체의 사업이나 경영에 부족한 부분들을 보고 혹시라도 강하게 항의하거나 문제를 공식적으로 제기하면 어떻게 해야 할까? 그리고 한 명의 기부자가 다른 기부자들에게 부정적 발언이나 행동으로 영향을 줄 수도 있을 텐데 이런 일이 발생하면 어떻게 대처해야 할까? 하지만 매년 시간이 갈수록 이런 걱정들은 기우에 불과하다는 것을 알게 되었다. 기부자들은 매우 능동적이고 적극적이었다. '내가 돈을 내고 있으니 알아서 사업을 잘 진행해라'식의 수동적이고 소극적인 태도를 지닌 기부자는 없었다. 그리고, 적어도 내가 직접 만났거나 전화로 응대했던 기부자는 자신이 후원하는 단체를 믿고 있었고 단체가 잘되기를 응원하였다. 그리고 더 후원하지 못하는 것에 미안한 마음을 가지는 분들이 많았다.

회원 모니터링단을 기획하게 된 것은 당시 근무했던 단체가 투명성이라는 가치를 가장 중요하게 여기기 때문이기도 했고, 다른 단체와는 차별화된 기부자 모임을 만들길 원해서였다. 그래서 단체에서 수행하는 업무들을 자세하게 소개하고 기부자들의 궁금증과 의견을 듣는 시간으로 기획하였다. 팀원들은 열심히 회의하며 아이디어를 모았고 매년 진행 노하우를 쌓았다. 한주에 2회 모임을 진행하기도 했고 매주 1회씩 5주 모임을 하기도 했다. 나중에는 주 1회 총 4주에 걸쳐서 회원 관리, 회계 관리, 국내와 해외 사업 또는 마케팅 등으로 나누어 진행하였다. 매년 다양한 연령대와 다양한 분야의 기부자 10~20명이 모였다. 2~3주차쯤 되면 기부자들은 단체에서 모임이 끝난 후 근처 카페에 모여 자신들만의 시간을 가지기까지 했다.

한 번은 후원금 관리과정을 소개하는 시간을 가졌는데, 자신의 후원금에서 수수료가 나가는 것에 기부자들은 놀라기도 했다. CMS 수수료, 카드 수수료, 지로 제작과 발송 비용을 설명하니 자신들이 생각하지 못했던 지출이 있음을 새롭게 알게 된 것이다. 어떤 기부자는 수수료가 가장 낮은 CMS로 바꾸겠다고 했다. 그리고 정기적으로 외부/내부 감사를 시행하고 비용 절감을 위해 노력하는 일을 소개할 때는 기부자들이 단체에 대한 신뢰가 높아짐을 느낄 수 있었다. 매년 모니터링이 끝날 때쯤이면, 다른 단체도 후원하고 있는데 이곳에만 후원하기로 했다는 회원, 가족에게 단체를 소개하고 후원 신청서를 받아온 회원, 기부처를 찾는 직장 동료에게 우리 단체를 말했다는 회원 등 다양한 반응이 나왔다. 모니터링단에 참여한 기부자들이 단체에 대한 기대감과 소속감이 커졌음을 자연스럽게 볼 수 있었다.

기부자 서비스는 한 번에 완벽할 수 없다. 매년 조금씩 변화를 주면서 노하우를 쌓아 가면 된다. 모니터링단을 운영하면서 깨닫게 된 부분 중 하나는, 만남에 준비되지 않은 것은 단체이지 기부자는 항상 준비되어 있다는 것이다. 기부자 모임에는 관심이 있고 열정 있는 분들이 오기 마련이다. 단체에 관심 없고 부정적인 분들은 오지 않는다. 그렇기에 참여하는 모든 기부자는 항상 모임에 적극적으로 참여하고 능동적으로 반응할 준비가 되어 있다. 기부자가 참여할 수 있는 모임이 없다면, 그 아쉬움은 기부자보다는 단체에 있을 것이다.

소수의 기부자라도 좋다. 기부자와 접하는 기회를 만들어 보자. 우리가 기부자 관리를 하면서 가장 동기부여가 되는 때가 언제일까? 후원금을 증액할 때나 격려의 목소리를 들을 때이기도 하지만, 기부자와 만날 때 일의 보람과 책임감을 동시에 느끼게 된다. 그렇다고 우리가 동기부여 받기 위해 기부자와 접할 기회를 만들라는 뜻은 물론 아니다. 기부자와의 접촉은 기부자에게도 엄청난 동기부여가 된다. 앞서 언급한 모니터링단 기부자들은 본인이 직접 와서 보고 확인한 단체에 더 후원하기를 원했다. 단체가 완벽해서도 아니고 다른 단체들보다 일을 더 잘해서가 아니라, 일하는 모습을 직접 볼 수 있었기 때문이다.

기부자의 목소리로 우리 단체를 알리자! 단체가 투명하고 사업을 잘 수행한다는 사실을 직원들이 아무리 홍보하고 알린다고 해도 기부자 한 명의 목소리 무게만큼은 되지 않는다. 기부자 한 명이 우리 단체를 칭찬하고 격려하는 하나의 문장, 한 번의 목소리는 다른 어느 메시지보다 강력하다. 단체에서 일하는 직원들이든 단체를 후원하는 기부자이든 모두 단체의 이해 관계자이지만, 기부자의 입장은 직원보다 객관적이며 그들의 평가는 상당한 신뢰성이 보장된다. 그래서 같은 기부자 입장으로 다른 기부자에게 전해지는 메시지는 설득력이 강하다. 비영리단체가 지향하는 가치인 투명성과 신뢰성을 높이고, 단체와 기부자와의 의사소통 활성화에도 큰 역할을 한다.

2)하이파이브 프로젝트

기부자 관리를 하다 보면 지금 잘하고 있는지 아닌지 판단이 서지 않을 때가 많다. 소식지를 한번 보내지 않았다고 해서 후원 중단자가 급증하는 것도 아니고, 이런저런 이벤트나 소식을 수시로 보내면 예산 낭비는 아닌지 의문이 들기도 한다. 새로운 관리 프로세스를 위해 예산을 책정한 후, 반드시 그 예산이 필요한 것인지 반문했을 때 확신을 두고 말할 수 있는 사람은 많지 않을 것이다. 또한, 단체 경영자는 기부자 관리에 예산을 사용하기 보다 단체의 경영이나 모금 활동에 사용하길 원할 수도 있다. 그래서 기부자 관리에 들어가는 예산은 절대적인 기준이 있어서라기보다는 '단체에서 기부자를 얼마나 중요하게 여기는가.'의 정도에 있다고 본다.

하이파이브는 기부자의 후원 유지율을 높이기 위한 서비스 개선 프로젝트였다. 후원 동기를 높이는데 도움이 되는 서비스를 발굴하는 목표를 두고 기획하였다. 하이파이브는 프로젝트 명칭으로서 단체와 기부자가 함께 손을 부딪쳐서 소리를 내보자는 취지로 붙여졌다. 앞서 기부자 관리에서 설명 했듯이 후원 유지율은 '일정한 기간 동안 후원을 유지하는 기부자 비율'에 대한 개념이다. 예를 들어 3년간의 후원 기간을 설정했다고 가정해보자. 3년 전 100명이 정기 후원을 시작했고 3년이 지난 후에는 70명의 기부자가 후원 중이라면, 후원 유지율은 70%라고 볼 수 있다. 하이파이브는 어떤 서비스가 후원 유지율에 영향을 주는지를 알아내기 위해 만든 실험이기도 했다.

구분	실험집단 (하이파이브)	통제집단 (기존서비스)
기부자 수	2,000 명	2,000명
실험기간	1년	1년
실험조건	기존 서비스 + 하이파이브 서비스	기존 서비스
하이파이브 서비스	-1분기(문자 1차): 캘리그래피 (이미지) -2분기(문자 2차): 스토리텔링 　　　　　　　 (모바일 웹) -3분기(우편): 장애아동 자필 감사카드 -4분기(문자 3차): 샌드 애니메이션 　　　　　　　 (후원 감사영상)	-
하이파이브 발송방법	-문자발송 3차 진행 -이메일 및 전화 제외	-
실험대상	-후원 가입 : 거리 캠페인 -후원사업 : 장애인복지사업 -추출방법 : 무작위 추출법	

프로젝트 예산을 확보한 후, 가장 성향이 비슷하고 가장 많은 비율을 차지하는 기부자를 무작위로 각각 2천 명씩 추출하여 프로젝트를 진행하였다. 기존의 기부자 서비스는 실험집단과 통제집단에 모두 적용하면서 실험집단에만 분기마다 1회(연간 4회)에 걸쳐 서비스를 추가하여 진행하였다. 전화 서비스는 실험 대상자 수가 많아 제외하였고, 이메일 서비스는 확인율이 낮아 제외하였으며, 가장 확인율이 높은 문자와 우편 중심으로 서비스를 진행하였다. 1년간 진행한 결과 하이파이브 실험집단이 통제집단보다 후원 유지율 약 2% 높게 나왔다. 물론 서비스의 영향만으로 보기 어려운 부분이 있긴 하지만 객관적인 데이터를 근거로 서비스를 보완할 수 있게 된 것이다. 기부자의 반응을 살펴보면, 장애아동 자필 서신(어머니 대필 포함)들을 편집해서 만든 감사카드가 가장 좋았으며, 다음으로는 기부자의 핸드폰 문자로 전송한 캘리그래피(이미지 파일), 그리고 스토리텔링(모바일 웹)과 샌드 애니메이션(영상) 순이었다. 프로젝트가 끝난 후 반응이 가장 좋았던 감사카드는 다음 해부터 사업 예산을 늘려서 기부자 서비스로 진행하였다.

각각의 모든 제작물에는 기획과 스토리 과정이 들어갔다. 분기에 하나의 서비스를 기획하여 진행하였기에 시간이 충분했을 것으로 보이지만 사실은 그렇지 않다. 어떤 방법으로 무슨 내용을 스토리로 전달할지 결정하는 일은 쉽지 않다. 가장 신경 써야 할 것은 '기부자의 공감'을 얻는 일이다. 아무리 좋은 내용도 기부자의 공감을 얻지 못하면 헛수고가 된다. 이를 위해서는 다른 비영리단체의 기부자 서비스를 벤치마킹할 필요도 있으며, 조금 더 나아가 요즘 유행하는 트렌디한 콘텐츠는 무엇인지도 관심을 가져야 한다. (특히 기부자 모금에서 공감을 얻는 스토리는 모금의 성패를 좌우할 정도로 매우 중요하다.) 프로젝트를 진행하면서 내가 했던 일은 기획에 직접 관여하기보다는 팀원들의 아이디어를 최대한 살릴 수 있도록 판을 깔아주는 역할이었다. 당시만 해도 캘리그래피와 샌드 애니메이션은 트렌디한 콘텐츠 전달 방식이었다. 결과적으로는 가장 전통적인 우편 방식의 자필 감사카드가 가장 좋은 반응을 얻긴 했지만, 실제로 서비스를 진행해보지 않으면 알 수 없는 일이다. 그리고 다른 한편으로는, 캘리그래피가 기부자의 반응이 좋다는 것을 객관적인 데이터로 확인한 것도 좋은 성과였다. 하이파이브 프로젝트는 간략히 요약하면 후원에 대한 감사의 뜻을 다양한 방법으로 기부자에게 전달한 것이다.

단체의 상황에 맞게 기부자 서비스를 기획해보자. 반드시 이런 장기간의 규모 있는 프로젝트 형태를 가질 필요는 없다. 소수의 기부자를 대상으로 새로 기획한 서비스를 제공해보고 의견을 직접 들어보는 방법도 좋다. 적은 비용으로 새로운 서비스를 실험해 보면서 경험치를 쌓아 서비스를 확대해도 되고, 아니면 가장 전통적인 전화(해피콜)를 시도해봐도 좋겠다. 그리고 이러한 노력의 경험들은 기부자 모금에서 모금의 효과를 높이는데 가장 훌륭한 재료가 된다. 단체의 특징과 장점을 살려 공감을 얻고자 하는 노력은 결코 기부자가 외면하지 않는다.

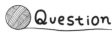
Question
자체적으로 콘텐츠를 기획하기가 어려우면
어떻게 해야 할까요?

　　단체의 사업내용을 수시로 콘텐츠로 만들기가 어려울 수도 있다. 사실 매월 또는 정기적으로 기부자에게 보내는 소식지에 좋은 콘텐츠를 담아 발송하는 일은 그리 만만한 일은 아니다. 대체로 담당자는 기부자 관리 업무로 분주하기도 하지만 다른 업무를 병행하고 있거나 갑자기 하달되는 업무도 있다. 그렇다고 밀려오는 업무가 많으니 소식지나 감사 메시지를 전하지 않을 수도 없는 일이다. 그렇다면, 외부 콘텐츠의 도움을 받아보는 것은 어떨까? 페이스북이나 포탈, 온라인 신문 등에는 기부와 나눔과 관련된 좋은 콘텐츠들이 많다. 특정 단체 이름이 언급 되지 않는 나눔 활동, 복지사업, 비영리 트렌드, 의식조사 등 다양한 기사들이 있다. 단체 소식과 함께 조화를 이룰 수 있는 외부 콘텐츠를 함께 실어 보는 것도 좋다. 단체의 사업내용만으로 채워야 하는 부담도 줄일 수 있다. 누구나 자신의 SNS에 관심 있는 콘텐츠를 공유하듯 단체의 성격이나 사업에 어울리는 외부 콘텐츠를 활용해보자.

　　그리고, 한두 장의 사업현장 사진과 몇 줄의 사진 설명을 넣어보는 것도 추천한다. 긴 장문의 사업 보고보다는 한두 장의 사진이 훨씬 훌륭한 메시지가 될 수 있다. 직원과 자원봉사자들이 일하는 모습이나 사업이 진행되는 현장 모습은 단체의 역동적인 사업 활동을 보여줄 수 있다.

단체와 기부자만의 이야기 만들기

블로그가 한참 대중화되는 시기에 스토리텔링이 유행이었다. 스토리텔링이란 Story와 Telling의 합성어이다. 당시에 모든 콘텐츠는 스토리텔링으로 통했다. 스토리텔링 마케팅, 스토리텔링 블로그 만들기, 상품홍보에 스토리텔링이 들어가지 않으면 될 것도 안 될 것처럼 보이기까지 했다. 그러나 지금은 스토리텔링이 거의 언급되지 않는다. 다양한 분야에서 널리 사용되고 있어서이기도 하겠지만, SNS 시대를 사는 지금 이미 한 개인이 스토리의 주인공으로 살아가고 있기 때문이지 않을까. 우리는 스토리텔링이라고 말하지 않아도 그 안에서 살고 있다.

우리에게 익숙해진 아프리카 아동의 사연과 모금 영상도 스토리 방식이 대부분이다. "여기 한 아이가 있다. 그 아이의 이름은 000이다. 그런데 많은 어려움이 있고 혼자서는 극복할 수 없다. 당신은 이 아이를 구할 수 있다. 그래서 할 수 있는 것은, 월 000원의 후원이다." 이야기의 구성은 크게 "주인공 + 위기 + 결말"의 흐름으로 간다고 볼 수 있다. 이야기의 형태는 전달하고자 하는 메시지에 별다른 저항감이나 이해타산이 들어가지 않고 잘 받아들여지는 경향이 있다. 어려운 아동의 이야기라면 더욱 그렇다. 단체의 운영과 사업은 객관성을 가질 필요가 있지만, 기부자에게 사업내용을 전달하는 방식에서는 스토리의 형태를 가져오는 것이 좋다. 마치 뉴스나 신문기사처럼 딱딱하고

제3자에게 전달하는 방식을 굳이 후원 중인 기부자에게 적용할 필요는 없다. 기부자는 이미 단체와 멤버십을 유지하는 가까운 존재이다.

사업이나 지출보고에 나오는 통계수치는 기부자에게 잘 와닿지 않는다. 예를 들어 규모가 큰 메이저 단체의 결연 아동 수나 지역사회개발 사업비는 매우 크다. 큰 수치가 기부자에게 공감을 얻을 수 있을까? 사업비 규모가 크다고 해서 반드시 기부자에게 신뢰를 얻는 것은 아니다. 이와 반대로 하나의 시설이나 센터를 운영하는 단체는 사업 대상자 수와 사업비 자체가 매우 작다. 그렇다고 해서 기부자로부터 신뢰를 얻지 못하는 것은 아니다. 다시 말해 수치 자체로는 기부자의 공감을 얻을 수 없다. 그 수치에 담긴 내용을 기부자는 알고 싶어 한다.

그렇다면, 내용을 있는 그대로 서술해서 보여주면 기부자가 이해할 수 있을까? 아니면 단체 내부에서 결과 보고서를 올리듯 요약정리해서 보여준다면 기부자는 만족할 수 있을까? 그렇지 않다. 바로 앞서 설명한 스토리가 여기에 들어가야 한다. 내용이 스토리로 구성되면 훨씬 잘 읽히고 이해도 쉽게 된다. 모든 기부자에게는 돕고 싶어 하는 대상이 있다. 그 대상은 대부분 아동이나 장애인과 같이 사람이 될 수도 있고 동물이나 기후 등이 될 수도 있다. 기부자는 그들이 지금 어떻게 지내고 있는지, 그리고 어떻게 바뀌어 가고 있는지 알고 싶어 한다. 스토리는 이러한 기부자의 마음에 와닿을 수 있도록 도와준다. 기부자는 명품을 구매하듯이 자신의 후원금으로 단체의 브랜드를 산 것이 아니다. 기부자는 자신의 후원금이 그 대상에게 어떤 도움이 되었는지 알고 싶어 한다. 그리고 기부자는 그들의 이야기를 듣고 싶어 한다.

하지만 그것은 정말이지 꿈일 뿐이었습니다. 일단 이곳은 한국처럼 어플리케이션을 사용할 수가 있는 환경이 아닙니다. 전화로 주문을 받고 배달을 하려면 여간 불편한 게 아니었습니다. 식당과 고객을 연결할 수 있는 시스템이 없으면 아무것도 할 수 없는 것이었습니다. 전국적으로 서비스를 하지 않고 일단 지역에서 소소하게 시작해 보려던 꿈은 접어야 할 것처럼 보였습니다.

꿈만 꾸어서 무엇하나?
하지만 꿈을 꾸어야 시작될 수 있었습니다.

오늘도 자전거는 힘차게 달려가고 있습니다.

아무리 생각해도 한국에서 도움을 받는 것 외에는 다른 방법이 없을 것 같았습니다. 아시는 분들을 통해서 소개를 받고자 하였습니다. 하지만 소개를 받아도 만날 수가 없으니 일은 진척이 되지 않았습니다. 성격은 급해서 속이 타들어갈 것만 같았습니다. 직접 만나러 다니면서 이야기하고 아닌것 같으면 또 다른분 만나고 조정하고 하면 속은 편할텐데, 사무실에 앉아서 메일과 메신저로 알아보니 진만 빠지는 기분이 들었습니다. 그냥 접으면 될 일인데

위 그림은 한 단체의 모바일 정기 소식지를 가상으로 구성해 본 것이다. 위에서 보듯이 스토리 구성 방식은 많이 사용되고 있다. 요약하면 '주인공이 나오고 이전에 그는 어려운 생활을 했지만, 지금은 이렇게 살고 있다.'라고 볼 수 있다. 많은

단체의 홈페이지를 보면 첫 화면에 스토리가 담긴 모금 페이지나 최근 단체의 소식이 들어가 있다. 최근 단체 소식은 기사의 형태를 띠기도 하지만 상당 부분은 스토리 형태를 가진다. 스토리는 막연하지 않다. 매우 구체적이고 실제적이다. 스토리의 주인공은 사업의 살아있는 증인이면서 누구도 그가 사업의 결과가 아니라고 부정하지 못한다.

매년 발행하는 연간 사업 보고서에서 전 연도에 비해 올해 사업은 어떤 변화를 가져왔는지 이야기 방식으로 전해주면 어떨까? 전 연도에 비하여 사업 지출이 어디가 더 늘었고 어디가 줄었는지 설명해 주면 어떨까? 홈페이지나 지면(종이)의 전달방법이 가지는 한계성이 있기도 하지만, 대부분의 단체는 당해 연도에 무엇을 했는지 설명할 뿐 전년도에 비해 어떤 변화가 있고, 올해는 어떤 어려움이 있었는지, 무엇을 더 노력했는지 설명하지 않는다. 멋지고 깔끔하게 만들어진 연차보고서를 발송하거나 홈페이지에 그래프를 넣어 잘 요약해서 보여주기도 하지만 (물론 이 같은 과정도 쉽지 않다), 그 내용이 구체적으로 무엇을 의미하는지 알기는 어렵다. 단체들의 사업 보고서는 CI 모양과 색상이 다를 뿐 구성이나 내용은 크게 다르지 않다. 조금은 어설프고 구성이 약해도 사업에 대한 스토리를 기부자가 이해하기 쉽고 공감할 수 있게 전달하면 어떨까 하는 아쉬움이 남는다. '우리가 한 해 동안 무엇을 했습니다.'라는 차원을 넘어서서 '사업을 위해 우리가 어떻게 했는지'를 알려준다면 기부자는 단체와 더 많은 공감을 할 수 있을 것이다.

　　　　규모가 작은 단체일수록 스토리의 영향력은 강력하다. 예를 들어 지역아동센터에 있는 한 아동의 이야기는 기부자 전체에게 감동을 줄 수 있고, 올해 예산 부족으로 낡은 책상을 바꾸지 못한 사진 한 장으로 내년에는 책상 전체가 바뀔 수도 있다. 공감할 수 있는 소식지나 사업 보고서는 모금으로 연결되고 모금은 다시 사업 성과로 나타나는 순환과정을 이루게 된다. 모든 사업 소식을 스토리 구성으로 바꾸라는 뜻은 결코 아니다. 객관성을 가진 사업 보고도 필요하지만, 기부자의 마음에 다가가는 방법으로 스토리의 활용방법을 제안하는 것이다.

업무와 관련된 글을 잘 쓰고 싶은데
어떻게 해야 하나요?

　　결과 보고서 또는 제안서를 쓰거나 홍보 기사자료, 온라인 모금을 진행할 때 모두 글로 작성한다. 각각의 목적이 조금 다르긴 하지만 글을 빼고 업무를 할 수는 없다. 우선은 본인이 작성해야 하는 글의 성격과 가장 가까운 글을 찾아 반복해서 읽는 것이 좋다. 관련 분야의 글을 많이 읽고 반복해서 보면, 글의 패턴과 분위기를 느낄 수 있으며 주로 사용하는 단어들을 알 수 있게 된다. 요즘은 모든 단체가 홈페이지를 가지고 있다. 오프라인으로 나가는 모든 소식은 온라인에도 게시된다. 다른 단체나 신문의 좋은 글을 즐겨찾기를 해놓거나 프린터를 해서 반복하여 보면 된다. 단어와 문맥에 어느 정도 익숙해지면 이후에는 본인이 스토리를 기획하고 만들어 갈 수 있다. 자신이 쓰고자 하는 글에 눈과 몸이 익숙해지는 과정이 먼저 필요하다.

　　한 가지 덧붙이자면, 틈틈이 업무 관련 글 이외에 에세이를 읽어보길 권한다. 가장 어려운 글쓰기는 자신을 생각과 내면을 표현하는 글이다. 자신을 글로 표현할 수 있으면 외부세계(타자)를 글로 표현하는 것은 훨씬 수월하다. 나는 거의 매일 페이스북에 한 문장 또는 몇 개의 문단으로 구성된 짧은 글을 남긴다. 자신의 히스토리를 남기는 의미도 있으며 무엇보다 페이스북 친구들의 반응을 볼 수 있다. SNS는 나와 타인의 시선으로 동시에 글을 볼 수 있어 글쓰기에 익숙해질 수 있는 좋은 방법이 될 수 있을 것이다.

03. 기부자 모금의 과정과 실제

　　기부자 모금은 우리가 쉽게 떠올리는 정기 후원자 신규 개발 모금과 차이가 있을 수밖에 없다. 신규 개발 모금은 상대적으로 좀 더 적극적이고 강한 메시지를 보내는 전략이 필요한 반면, 기부자 모금은 후원 단체에 대한 기본적인 이해와 후원경험이 있기에 모금의 필요성과 목적이 좀 더 명확해야 한다. 기부를 전혀 알지 못하는 사람을 대상으로 하는 모금 방법 그대로 기존 기부자에게 모금 메시지를 전달하는 것은 바람직하지 않다. 신규 개발 모금은 모르는 사람과 처음 대화하는 것과 같고, 기부자 모금은 단체를 잘 알고 있는 지인과 대화하는 것과 비슷하다. 우리는 이미 단체를 돕고 있는 고마운 사람과 이야기하는 것이다.

　　기부자 모금은 기부자 서비스 기반 위에서 진행되어야 한다. 기부자 서비스가 없는 상태에서 기부자 모금이 진행되면 기부자들의 모금 참여율이 낮을 뿐 아니라 후원 중단까지 갈 수 있다. 예를 들어 지난 몇 개월간 단체로부터 아무런 소식도 받지 못한 상태에서 어느 날 후원요청 메시지를 받는다면 기부자로서는 기분이 상할 수밖에 없다. 기부자는 '평상시 연락도 없으면서 뭘 더 후원하라는 거야?'라는 생각이 들 수 있다. 단체에서 사업을 잘 진행하고 있고 정기적으로 사업 보고와 회계 보고를 받고 있다면 단체에 대한 신뢰가 형성되었다고 볼 수 있다. 이런 신뢰를 바탕으로 모금 요청을 받게 되면 기부자는 언제든지 기부할 의사가 있다. 오히려 기부자는 자신이 받은 모금 메시지에 기부 동기가 올라간다. 우리가 보통 가까운 사람, 서로 믿는 사람에게 도움을 요청하듯이, 기부자는 단체의 요청이 반가울 수 있고 한 걸음 더 나아가 더 많은 도움을 주고 싶어 한다. 그러나 장기간 아무런 소식도 없고 후원 피드백도 없는 상황에서 기부자 모금이 진행되면 과연 어떠할까?

기부자 모금은 되도록 신규 개발 모금 부서가 아닌 기부자 관리 부서에서 진행하길 권한다. 기부자 모금이 모금영역이니 반드시 모금 담당자가 해야 하는 것은 아니다. 기부자를 대상으로 기부자 서비스에 기반을 두고 진행되어야 하기 때문에 기부자 관리 담당자가 할 수도 있다. 기부자 모금은 모금 자체에만 목적을 두고 진행되는 것이 아니다. 단체와 기부자 간의 멤버십을 바탕으로 함께 만드는 것이 기부자 모금이라 할 수 있다. 자칫 모금 성과에만 집중하게 되면 기존의 멤버십이 손상될 수 있다. 기부자 모금은 장기간 축적된 기부자 경험의 히스토리와 이어지는 것으로 어느 날 갑자기 모금 기술에만 의존한 접근으로 실행해서는 안 된다. 그리고 기존의 기부자는 앞으로 평생 후원할 수도 있는 멤버십으로서의 예우가 우선이지 단순한 모금 타깃으로만 보아서는 안된다. 지금부터 함께 기부자 모금을 시도해 보자.

밑그림 그리기 - 모금 설계

 기부자 모금을 진행하기 위해서는 먼저 기본적인 설계과정이 필요하다. 설계라고 해서 대단한 작업을 요구하는 것은 아니다. 일종의 모금 계획이라고 보면 된다. 어떤 대상으로 언제, 어떤 방법으로, 어느 정도의 예산을 가지고 모금할 것인가를 함께 설계해 보자. 대략 밑그림을 그리는 스케치라고 생각해 보자. 밑그림은 구체적이지는 않아도 된다. 대략적인 구도와 분위기를 머릿속에 그리는 것이다. 이후에 타깃팅, 콘텐츠, 실행 시기 등을 정해가면서 구체화하면 된다.

 모금 경험이 없다고 해서 어려워할 필요도 없다. 이미 기부자를 알고 있고 기부자 관리 경험이 있다면, 지금 바로 시작해도 된다. 또한, 모금이라는 것에 부담가지지 말자. 모금이 아니라 일종의 기부자 서비스라고 봐도 좋다. 기부자 모금은 기부자 데이터가 중요하다. 데이터가 없어도 안 되겠지만, 유효하지 않은 데이터는 아무리 많아도 소용없다. 예를 들어 후원 중단자를 대상으로 재 후원 모금을 한다고 가정해보자. 이메일주소나 핸드폰 번호가 지난 10년간 한 번도 사용되지 않은 정보이거나 아예 틀린 정보라면 할 수 있는 게 거의 없다. 모금 계획을 세울 때 모금을 실행하려는 대상의 데이터가 얼마나 되는지, 그리고 실제 유효한 데이터, 즉 살아있는 데이터인지 반드시 확인하는 과정을 거쳐야 한다.

여기서는 단체들이 주로 하는 이메일 모금, 모바일 모금, 전화 모금 등을 중심으로 정리해보았다.

1) 이메일 모금

- 유효한 메일 개수가 얼마나 되는지 확인하자.

단체의 이메일 발송 프로그램에 최근 기부자 메일 발송 이력이 있을 것이다. 여기서 발송 성공 수를 체크하면 된다. 발송이 성공한 메일 외의 다른 메일들은 거의 확인되지 않는 메일이므로 발송이 성공된 메일이 유효한 데이터라고 보면 된다.

- 실제 메일 오픈 수는 얼마나 되는지 확인하자.

메일을 발송했을 때 평균 메일 오픈 수를 보면 모금 반응률을 예측해볼 수 있다. 예를 들어 최근 3개월 동안 월평균 1,000명이 메일을 확인했고, 여기에서 예상되는 모금 참여율 3%, 평균 후원금 1만 원으로 가정해서 산출해 보자.

예상 메일 오픈 수		예상 모금 참여율		예상 평균 후원금액		예상 모금액
1,000명	×	3%	×	10,000원	=	300,000원

- 이메일 모금 기획과 제작은 어떻게 할 것인지 결정하자.

처음 이메일 모금을 진행한다면 타단체 홈페이지나 해피빈/같이 가치를 먼저 자세히 살펴보길 바란다. 콘텐츠 중에는 우리 단체의 콘셉트와 많이 비슷한 것도 있다. 모금 이메일 제작은 업체에 맡기게 되면 비용이 들어갈 수 있다. 예산을 미리 확인하자. 디자인도 중요하지만 명확한 모금 메시지가 중요하므로 내용적인 부분(스토리)을 잘 확인하고 준비해야 한다. 자칫 의욕이 앞서 디자인에 지나치게 신경을 쓰지는 않도록 해야 한다.

– 이메일 오픈 시간은 언제가 가장 높은지 확인하자.

　　이메일 발송 프로그램에서 이메일 오픈 시간대를 확인해 보면 기부자가 가장 많이 오픈하는 시간대가 있다. 되도록 그 시간대의 직전에 발송하는 것이 좋다. 그렇지 않으면 기부자가 받은 다른 메일들과 섞여서 오픈 수가 낮아질 수 있다. 인터넷에서 최신 댓글이 가장 위에 있는 것처럼 메일도 시간대별로 정렬이 되는 점을 염두에 두어야 한다.

– 발송 테스트는 반드시 하자.

　　발송 테스트는 반드시 거쳐야 한다. 발송했을 때 이미지가 깨지지 않는지, 후원 신청이 제대로 되는지, 발송 오류는 없는지 확인해야 한다. 모금 설계 시 테스트 과정을 잊지 말고 넣어야 한다. 오류로 인해 다시 발송하게 되면 기부자에게 혼란을 초래할 수 있다.

– 기부자 전화응대 스크립트를 미리 공유하자.

　　실제 이메일 발송으로 기부자 전화 문의가 오는 경우는 많지 않다. 하지만 메일을 보고 전화가 올 수 있으니 미리 응대 스크립트를 만들어서 전화응대를 준비하는 것이 좋다. 전화 업무의 증가를 피하기 위해 메일에 단체의 전화번호를 넣지 않는 경우도 있지만 기부자와의 접점은 많을수록 좋다. 메일의 내용에 대한 궁금한 사항을 문의할 수도 있고, 통화상으로 설명을 듣고 후원을 할 수도 있다.

2) 모바일 모금

- 유효한 핸드폰 번호가 얼마나 있는지 알아보자.

문자발송을 원하지 않는 기부자는 반드시 제외해야 하며 실제로 문자발송 성공 수가 얼마나 되는지 확인하고 예측할 수 있어야 한다. 그리고 발송 가능한 문자 수와 실제 발송 성공 수는 다르다. 최근에 발송된 문자 이력을 참고해서 발송 가능한 기부자 수와 실제로 발송이 성공된 문자 수가 얼마나 되는지 확인해야 한다. 모금 문자를 발송한 후에는 제대로 발송되었는지도 꼭 확인해야 한다. 문자발송도 이메일과 유사하게 종종 발송 오류가 일어나는 경우가 있다.

- 문자발송 예산을 확인하자.

이메일은 발송 비용이 많이 들지 않지만, 모바일 모금은 문자발송 건당으로 비용이 들어간다. 만약 예산이 충분치 않다면 어떤 대상에게 발송할지 타깃팅, 즉 대상을 한정해야 한다. 많은 기부자에게 발송한다고 해서 모금액이 그만큼 늘어나지는 않는다. 이 부분은 뒤에서 자세히 다루도록 하겠다.

- 모바일 웹 제작 예산을 확인하자.

　　모바일 모금은 문자만으로 끝나지 않는다. 모바일 웹에서 모금이 실행된다. 제작 업체로부터 견적을 받아 미리 확인하자. 만약 단체에서 사용하는 기부자 관리 프로그램이 있고 이와 연결된 모바일 후원 신청 웹을 만들 수 있다면 자체적으로 진행할 수 있다. 그러나 대부분은 별도의 모바일 웹을 제작해서 하는 경우가 많다. 평상시 기부자 서비스로 협업하는 업체가 있다면 저렴하게 제작할 수 있을 것이다.

- 문자를 발송할 요일과 시간대를 미리 계획하자.

　　문자가 발송되고 나면 기부자로부터 전화가 올 수 있다. 만약 발송 수가 많다고 판단되면 시간당 몇 건씩 발송할지 결정해서 시간 차이를 두고 나누어 발송해야 한다. 한 번에 발송해서 기부자 전화문의가 몰리는 경우 자칫 업무가 마비될 수도 있다. 발송 시간대는 점심시간을 제외한 오전이나 오후 낮으로 해야 한다. 저녁 시간대에 발송하면 기부자 전화응대가 불가능하므로 문의가 있을 때 응대하기가 어렵다.

- 기부자 전화응대 스크립트를 미리 공유하자.

　　문자를 발송하면 기부자에게서 다양한 전화문의가 들어온다. 이때 모금 콘텐츠를 어떻게 설명할지, 어떻게 기부를 유도할지, 어떻게 관리 프로그램에 입력할지 대처방안을 미리 마련하고 팀원들과 공유해야 한다.

- 문자 오픈 수를 예측해보자.

사람들은 대체로 문자를 확인하는 편이기 때문에 이메일 오픈율보다는 높은 편이다. 그러나 문자 내에 있는 관련 링크를 클릭해서 모금 콘텐츠가 담긴 모바일 웹을 확인할지는 예측하기 쉽지 않다. 아래는 장애인을 위한 가상의 콘서트 모금 사례 예시이다.

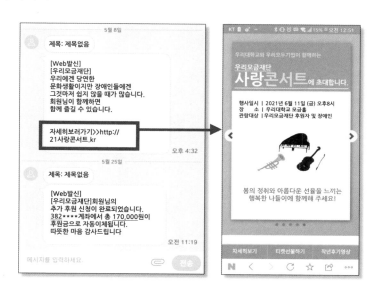

스마트폰에서 링크를 클릭하면 모바일 웹으로 화면이 전환된다. 이전에 기부자 서비스로 문자를 발송한 적이 있고 문자 오픈 수를 알 수 있다면, 문자 오픈율(오픈 수/발송 수)을 적용하여 문자 오픈 예상 수를 산출할 수 있다. 그리고 혹시 가능하다면 모바일 웹 링크 클릭 수를 확인하자. 링크 클릭 수가 바로 모바일 웹 오픈 횟수가 된다. 이메일로 비교하면 메일 오픈 수가 된다. 그럼 다음과 같이 예측해볼 수 있다. 수치는 가상으로 만든 것이니 산출양식만 참고하길 바란다.

[문자 오픈율 = 확인된 문자 오픈 수 / 발송된 문자발송 수]

[모바일 웹 링크 클릭률 = 링크 클릭 수 / 확인된 문자 오픈 수]

문자발송 수		예상 문자 오픈율		예상 링크 클릭률		예상 모바일 웹 오픈 수
1,562명	x	80%	x	80%	=	1,000명

모바일 웹 오픈 수		예상 모금 참여율		예상 평균 후원금액		예상모금액
1,000명	x	3%	x	10,000원	=	300,000원

3) 전화 모금

전화 모금은 앞서 살펴본 콜 업무의 아웃바운드 영역을 대부분 포함하고 있다. 해피콜은 후원 중단을 예방할 수 있으며, 오류콜은 회비의 납입률을 높이고, 미납콜은 회비증가에 기여하며, 재 후원 콜은 신규 후원 개발과 다름없다. 전화 모금의 기본은 아웃바운드이며, 기부자 관리에서 아웃바운드만 충실히 진행되기만 하여도 좋은 성과를 얻을 수 있다. 여기서는 별도로 기획하여 진행하는 전화 모금을 중심으로 내용을 살펴보고자 한다.

- 유효한 전화번호가 얼마나 있는지 알아보자.

유효한 전화번호가 얼마나 있는지 확인해야 한다. 전화번호가 바뀌었거나 착신 금지된 번호가 얼마나 있는지는 전화하면서 알게 되는 경우도 많다. 전화 수신을 원하지 않는 기부자는 미리 확인해서 이들에게는 전화 시도가 되지 않도록 하자.

그리고 혹시 집 전화와 핸드폰 번호가 함께 있을 때는 핸드폰 번호로 일괄 정리해도 좋다.

- 전화 모금 수행인력을 결정하자.

　콜 업무를 전담하고 있는 직원이 있으면 가장 효과적으로 진행할 수 있다. 그러나 콜 전담인력이 없다고 해서 전화 모금을 하지 못하는 것은 아니다. 기부자 관리 담당자들이 역할과 일정을 정해서 진행하면 된다. 전화 모금은 앞서 설명한 모금 방법들과 다른 점이 있는데 기부자 응대 시간이 가장 많이 투여된다는 점이다. 다른 모금 방법들은 인바운드로 들어오는 전화 응대에 대처하면 되지만, 전화 모금은 시작부터 끝까지 직원이 해야 하며 모금 성과는 전적으로 직원의 역량에 의존된다.

- 전화 리스트 준비와 하루 목표 통화량을 정하자.

　전화 리스트는 종이로 출력하는 것이 좋다. 엑셀로 정리하다 보면 잘못 기재하거나 오류가 나는 경우가 있고 예외적인 상황에 대한 메모를 적기 어렵다. 종이 리스트는 남아 있는 분량을 확인하거나 다른 직원과 공유하기도 편리하다. 하루 목표 통화량은 미리 정해 놓아야 하지만 실제 통화를 진행하면서 조정해도 된다. 너무 여유롭게 통화량을 적게 잡기보다 조금은 빠듯하게 많이 계획하는 것이 바람직하다. 통화 멘트가 익숙해졌을 때 집중력 있게 많은 통화를 진행하는 방법이 훨씬 효율적이며 모금 성과도 높일 수 있다.

– 전화 스크립트(멘트)를 준비하고 리허설을 해보자.

　　스크립트를 준비하는 이유는 짧은 시간 안에 일관성 있는 내용을 정확히 전달하고자 하는 것이다. 녹음된 기계 목소리처럼 그저 읽는 데 목적이 있는 것은 아니다. 스크립트가 있으면 통화 시 훨씬 안정감이 생기며 상대방에게는 전문성과 편안함을 줄 수 있다. 스크립트는 기본적인 가이드이지 반드시 정확하게 모두 읽어내려갈 필요는 없으며 상황에 따라 변경할 수 있다. 몇 가지 상황을 설정해 두고 상황에 맞는 스크립트를 만드는 것이 좋다.

　　그리고 기부자와의 통화량이 누적될수록 통화 노하우가 생기는데 이를 바탕으로 스크립트를 업데이트해야 한다. 또한, 반드시 전화 모금을 시작하기 전에 통화 리허설을 하길 바란다. 한명이 전화를 거는 직원 역할을 하고 다른 한 명이 기부자로서 전화를 받는 역할을 하면 된다. 어설픈 리허설이라도 상당히 도움이 된다. 실제 통화 중에 실수하는 것보다는 리허설에서 충분한 시행착오를 경험하는 것이 낫다. 스크립트를 눈으로 읽으며 보는 것과 실제로 말로 하는 것은 매우 큰 차이가 있다. 리허설을 하다 보면 실제 상황을 예측할 수 있어 스크립트를 수정하면서 완성도는 높아진다.

– 모금 기간과 시간대를 정하자.

　　전화 모금 기간은 전체 전화번호 수와 하루 목표 통화 수를 근거로 산출하면 된다. 다시 말해 하루 통화량 몇 건으로 며칠~몇 주 동안 진행할 것인가를 결정하는 것이다. 그리고 부재 중은 몇 회까지 전화를 시도할 것인지 정해야 한다. 보통은 3차까지 시도하는데, 재 통화 수가 많을수록 전화 모금 기간은 늘어날 수 있다. 전화 시간대는 점심시간(오전 12시~오후 1시)을 제외하고 오전 10시부터 오후 5시가 가장 안정적이다. 10시 이전은 통화 준비 시간으로, 5시 이후는 하루 통화를 정리하고 서로 피드백을 하는 시간으로 삼는다. 업무를 병행하며 전화 모금을 하면, 오전 또는 오후에 진행해도 된다. 매일 1~2시간 정도 나눠서 하기보다는 최소 2~3시간 이상 집중적으로 하는 것이 더 효율적으로 보인다.

- 문자 예산과 문자 내용을 준비하자.

　　전화 모금을 시작하기 하루나 이틀 전에 미리 안내 문자를 보내도록 하자. 어떤 사유로 언제쯤 전화하겠다는 내용으로 구성하면 된다. 사전 안내 문자는 통화 성공률을 높일 수 있으며, 기부자가 어떤 전화가 올지 예상할 수 있어 통화 시에 분위기가 좀 더 편해질 수 있다. 물론 기부자가 문자를 확인하지 않거나 문자 내용을 기억하지 못하는 때도 있지만, 문자를 인지하지 못했다고 해서 통화가 불가능한 것은 아니다. 문자발송 시기와 통화 시기가 3일 이상 멀어지지 않도록 하자. 기부자가 기억하지 못할 가능성이 커진다. 그리고 부재중 통화 시 남길 문자 내용도 준비해야 한다. 어떤 사유로 전화했는지 안내 문자를 남기는 것이 좋다. 이후에 문자를 확인한 기부자가 자발적으로 전화를 할 수도 있다.

우리 단체를 후원 중이니 기부자 모금을 진행하면 모두 후원해 줄 거라는 기대는 내려놓자. 기부자들은 이미 충분히 후원하고 있다. 다른 한편으로는 우리 단체를 이미 많이 후원했는데 더 후원할까 하는 의구심도 내려놓자. 기부자들은 언제라도 더 후원할 준비가 되어 있다. 그리고 기부자 모금이 한번 잘되지 않았다고 포기하지 말자. 이번에 모금이 잘되지 않았다면, 다음에 잘하면 된다. 우리가 관심을 가져야 할 것은 기부자와의 신뢰관계, 그리고 명확한 모금 명분이다. 이 전제조건 안에서 기부자는 언제라도 후원할 의사가 있으며, 지금 기회가 안된다면 다음에 후원할 것이다. 내가 처음 진행했던 이메일 모금은 기부자들에게 좋은 반응을 얻었지만, 이후에 실행한 모금들이 항상 잘 되었던 것은 아니다. 담당자는 열심히 준비하면 된다. 이후 나머지 몫은 오롯이 기부자의 몫이다.

모금 설계 시의 계획했던 모금 예상액은 실제 모금 결과와는 다른 경우가 대부분이다. 그러나 모금 예상액을 설정하는 과정은 필요하다고 본다. 목표를 두고 진행하는 것과 목표 없이 진행하는 것은 차이가 크다. 목표가 없으면 잘 되든 안 되든 상관없게 될뿐더러 스스로 동기부여가 되지 않는다. 모금 부서에서 세우는 연간 모금 목표액이 실제 모금액과 정확히 같은 경우는 거의 없지만, 매년 목표를 세우는 것은 한 해 동안 목표를 두고 달려갈 수 있는 동력이 되기도 하며, 무엇이 잘 되었고, 잘되지 않았는지 자체적으로 평가가 이루어질 수 있다. 기부자 관리 부서가 모금 부서는 아니지만(단체에 따라서는 모금 부서에 속하기도 한다), 자체적인 목표(단체 공식적인 목표가 아닌 기부자 관리 부서의 자율적 목표)를 설정해서 진행하면 모금 성과를 조금이라도 높이는 데 도움을 줄 것이다. 그리고 모금 참여율이나 모금 금액 예측이 실제 결과와는 차이를 보일 수 있는데, 이러한 차이는 단체의 기대수준과 기부자의 응답 수준의 차이를 확인할 수 있게 해준다.

한 가지 덧붙이면, 모금 부서의 개발 목표를 관리하듯이 기부자 관리 부서의 모금이 공식적인 목표 관리로 가게 되면 '긍정적인 기부자 경험'이 퇴색될 수도 있다. 목표란 항상 과도하게 세워지기 마련이라 지나친 모금 진행은 기부자에게 또 다른 부담으로 작용할 수도 있다. 되도록 기부자 관리 부서의 자체적인 목표를 가지고 기부자의 멤버십을 키워갈 수 있는 방향으로 가는 것이 바람직해 보인다.

선택과 집중 - 타깃팅

모금 타깃팅(targeting)이란 모금을 진행할 대상을 선정하는 것을 말한다. 예산이 넉넉하다면 모든 기부자를 대상으로 모금을 진행할 수 있다. 그러나 이 방법은 매우 비효율적이며 소중한 후원금을 낭비할 수 있다. 타깃팅은 모금의 효율성을 높이는 과정이다. 예를 들어 20대의 특성과 60대의 특성이 다르다. 20대는 새롭고 신선한 콘텐츠를 선호한다면 60대는 전통적이고 단순한 콘텐츠를 좋아한다. 기부자 모금은 기부자 특성을 고려하여 진행할 수 있다. 그러나 현실에서는 어떨까. 월 정기 기부자가 1만 명을 넘어도 20대와 60대를 구분하면 대상자 수는 대폭 줄어든다. 과연 모금을 진행할 수 있을까. 한 해 동안 1~2회 기부자 모금을 진행하기도 어려운 단체가 많을 것이다. 기부자 수가 많은 단체라고 해도 연령대와 같은 다양한 특성을 고려한 세부적인 모금을 기획하고 실행하기란 쉽지 않다. 고객 데이터가 많은 대기업은 맞춤형 접근으로 여성과 남성, 연령대별, 지역별이나 직종 유형별로 접근이 가능할 것이다. 그러나 비영리단체의 기부자 규모는 대체로 크지 않다. 그렇다면 어떻게 타깃팅을 하는 것이 좋을까.

모금 타깃팅을 하기 전에 먼저 기부자 모금의 종류를 알아보자.

구분	내용	주요방법	주요 추천대상
후원금 증액	매월 후원하는 기존 정기 후원금에 금액 추가	모바일 웹, 메일, 전화	정기 후원 1년 이상의 기부자
일시 후원	기존 정기 후원금 외에 일시 후원금 기부, 또는 일시 기부자 대상으로 후원 요청	모바일 웹, 메일, 전화	정기 후원 1년 이상의 기부자, 3회 이상 일시 기부자
재 후원 모금	후원 중단자를 대상으로 재 후원 요청	모바일 웹, 메일, 전화	정기 후원 중단 1년 이상의 기부자
기부자 배가	후원 중인 정기 기부자가 새로운 신규 기부자 추천	모바일 웹, 메일, DM	정기 후원 2년 이상의 기부자

기부자 모금은 정기 후원금 증액, 일시 후원, 재 후원, 기부자 배가 등 크게 4가지로 볼 수 있다. 정기 후원금 증액은 기부자가 후원 중인 사업 또는 다른 사업을 증액하여 후원하는 방법이며, 일시 후원은 정기 후원금 이외에 1회 또는 그 이상 기부자가 후원하는 방법이다. 재 후원 모금은 이전에는 정기 후원을 하였으나 현재는 중단된 상태의 기부자를 대상으로 정기 후원을 유도하는 것이며, 기부자 배가는 정기 후원 중인 기부자가 다른 신규 기부자를 추천하여 단체의 정기 후원자로 가입하는 방법이다. 가장 쉽게 실행할 수 있고 모금 결과도 가장 좋은 모금은 일시 후원과 후원금 증액이다. 일시 후원은 일회성 후원으로 기부자의 부담이 크지 않아서 쉽게 참여할 수 있다. 후원금 증액은 자신의 정기 후원금을 증액하므로 일시 후원보다는 참여율이 떨어지기는 하지만 전반적으로 다른 재 후원 모금이나 기부자 배가보다는 훨씬 좋다. 일시 후원과 후원금 증액에 참여하는 기부자는 기본적으로 후원 동기를 충분히 가지고 있고 단체와의 멤버십을 지니고 있기 때문이다. 재 후원 모금은 후원 동기가 매우 약한 상태이므로 참여율이 저조한 편이나 신규 개발 모금보다는 효과적이다. 기부자 배가는 기부자의 자발적이고 적극적인 참여가 필요하므로 높은 멤버십을 가진 기부자를 중심으로 진행 가능한 모금이다. 기부자 모금의 종류에 따라서 모금 타깃팅은 거의 정해지기도 한다. 기부자 배가 모금을 후원 중단자를 대상으로 할 수 없고, 정기 후원금 증액을 일시 후원자를 대상으로 할 수는 없다.

기부자 배가 모금은 후원 중인 정기 기부자에게 적절하고, 일시 후원 기부자를 대상으로 하는 모금은 정기 후원 유도나 일시 후원을 유도하는 것이 바람직할 것이다. 참고로 여기서는 일시 후원 기부자를 대상으로 한 모금은 자세히 다루지는 않으나, 일시 후원 기부자에 연락할 수 있는 개인정보(메일주소나 전화번호, 이름 등)가 있다면 충분히 모금을 진행할 수 있다. 정기 기부자는 단체에 개인정보를 충분히 전달하지만, 일시 기부자의 개인정보를 확보하기란 쉽지 않다. 일시 기부자는 자신이 원할 때 후원을 하므로 개인정보를 제공하지 않는 경우도 많다. 기부금 영수증이 필요한 경우에는 개인정보를 제공하지만, 단체에서 개인정보를 활용하여 모금하기 위해서는 별도의 동의를 받아야 한다. 따라서 일시 기부자를 대상으로 한 모금은 개인정보확보가 가장 우선순위가 되어야 하고 이후부터 다양한 모금 활동이 가능해진다.

모금 타깃팅은 선택과 집중이다. 모금 구분에 따라 모금 대상자를 선택하고 그들을 대상으로 모금을 집중하는 것이다. 재 후원을 진행한다면 모금 대상은 후원 중단자가 될 것이고, 월 정기 후원금 증액이나 일시 후원을 한다면 미납 기부자나 신규 기부자(후원 기간 1년 미만)를 제외한 다른 나머지 기부자의 반응률이 좀 더 높을 것이다. 미납 기부자는 콜 업무 파트에서 미납 콜을 해야 하고, 1년 미만의 신규 기부자는 새로운 후원을 제시하기보다는 기부자 서비스를 통해 멤버십을 쌓는 시간을 가지는 것이 좋다.

그리고 모금 타깃팅은 예산이나 상황에 따라 더 한정하거나 확대할 수 있다. 후원금 증액을 위해 모바일 모금을 진행한다고 가정해보자. 1년 이상 후원한 모든 정기 기부자에게 문자를 발송하려고 보니 예산이 초과한다. 그럼 3년 이상 또는 5년 이상 후원한 기부자 데이터를 추출해보면 대상자는 훨씬 줄게 될 것이다. 장기간 후원한 이들은 단체에 대한 신뢰가 높기 때문에 모금에 참여할 가능성도 함께 커진다. 모금 타깃팅은 대상자를 적절히 좁히거나 넓히는 과정을 포함한다. 예산이 넉넉하다고 무조건 대상자를 많이 할 필요도 없으며, 예산이 적다고 해서 모금을 포기할 필요도 없다. 상황에 맞게 대상자를 적절히 타깃팅해서 진행하면 된다.

모금 타깃을 기부자 모금의 종류로 정리하면 다음과 같이 볼 수 있다

모금 타깃	후원 중 기부자				후원 중단자
	일반 기부자	고액 기부자	신규 기부자	미납자	후원 중단 후 1년 이상
모금 구분	정기 후원금 증액, 일시모금, 기부자 배가	일시모금, 기부자 배가	일시모금	미납 모금	재 후원 모금
세부 사항	후원 1년 이상, 주요 모금 대상자	전화 또는 오프 모임(클럽)	후원 1년 미만	미납콜	재 후원 콜

미납 기부자와 후원 중단자는 전화가 가장 효과적이다. 이들은 후원 동기가 약한 상태이므로 단순히 이메일이나 모바

일 웹으로는 후원을 유지하거나 다시 후원을 시작하기 어렵다. 기부자 모금에서 주요 타깃이 되는 일반 기부자는 다수를 대상으로 진행해야 하므로 이메일이나 모바일 웹이 효과적이다. 일일이 전화로 모금하기에는 시간과 예산이 많이 소요된다. 고액 기부자는 전화 또는 오프 모임(클럽)을 통해서 모금할 수 있을 것이다. 신규 기부자를 대상으로 모금을 한다면 가볍게 참여할 수 있는 일시 소액 모금이 적절할 수 있을 것 같다. 모금 타깃을 자세히 살펴보면 '기부자 서비스의 대상' 구분과 비슷한 것을 알 수 있다. 즉 기부자 모금은 기부자 관리를 기반으로 이루어진다는 것을 확인할 수 있다. 전혀 새로운 대상과 방법으로 진행되는 것은 아니다.

따라서 기부자 관리는 기부자 모금의 중요한 영역이라 볼 수 있다. 기부자 관리를 하는 이유는 단체와 지속해서 관계를 유지하고 동시에 지속해서 후원을 유지하려는 것이다. 이를 위해서 서비스 자체가 목적이 되는 것이라 아니라 서비스를 통한 기부자의 멤버십 형성에 목적이 있는 것이다. 이렇게 기부자 관리와 기부자 모금은 별개의 과정이라 아니라 서로 유기적인 과정이다. 기부자 관리가 잘 이루어지면 기부자의 만족도가 향상되고 단체의 소속감과 멤버십도 강화된다. 기부자 관리 자체가 기부자 모금의 시작이면서 간접적인 기부자 모금이라 할 수 있다.

마음에 닿는 이야기 - 콘텐츠

어떤 모금 콘텐츠가 기부자의 마음을 움직일 수 있을까? 모금 콘텐츠를 준비할 때 몇 가지 고려해야 할 것들이 있다. 기존의 후원 중인 사업내용보다 좀 더 구체적이고 명확한 콘텐츠이어야 한다. 예를 들어 장애인 사업을 후원하고 있는 기부자에게 같은 사업을 더 후원하라는 메시지는 설득력이 떨어진다. (예외적으로 생일이나 특별한 날을 기념으로 한 이벤트 형태의 모금으로는 가능할 수 있다.) 같은 사업에 대한 요청은 일반적인 상황에서는 모금 효과가 떨어지기 쉽다. 우리가 기부자 입장이라도 마찬가지 아닐까. 장애인 사업을 후원하는 기부자는 항상 장애인을 돕고 싶어 하는 마음이 있다. 앞서 모바일 모금 설계의 예시처럼 문화 콘서트에 가지 못하는 장애인들을 도울 수 있다면 기부자들은 얼마든지 더 후원할 것이다. 막연히 더 후원하라는 것보다는 좀 더 구체적이고 명확한 후원 메시지에서 기부자는 기꺼이 후원에 동참한다.

다음은 모금 사업별로 어떤 모금 콘텐츠를 제시할 수 있는지 정리한 표이다.

정기 기부자	모금 콘텐츠	모금 예시
A사업 기부자	A 사업 내 세부 후원	장애인 사업 기부자에게 장애인 문화 콘서트 티켓 모금 결연 아동 기부자에게 결연 아동 선물금 모금
B사업 기부자	C 사업 후원	국내 사업 기부자에게 해외 사업 증액 모금 고액 기부자에게 새로운 프로젝트 사업 고액 일시 모금
D사업 기부자	D 사업과 동일한 후원	후원 중단자에게 후원했던 사업 제시, 자신이 후원하던 익숙한 사업으로 재 후원을 유도하는 방법이 효율적임

– 동일한 사업 내 세부적인 모금 콘텐츠(A 사업 내 세부 후원)

　　같은 사업이지만 좀 더 구체적이고 명확한 모금 콘텐츠이다. 결연 아동 기부자에게 다른 결연 아동 후원을 더 추천해도 좋겠지만, 결연 아동에게 필요한 선물을 할 수 있는 일시모금은 좋은 반응을 끌어낼 수 있다. 해외 사업 기부자에게 우물이나 장애인 센터 건립, 국내 사업 기부자에게는 지역아동센터 교육 기자재와 같은 구체적인 프로젝트 형태의 모금도 가능하다.

– 연관성 있는 모금 콘텐츠(C 사업 후원)

　　다른 사업이지만 연관성이 있는 모금 콘텐츠를 추천할 수 있다. 예를 들어 장애인 사업을 후원하는 기부자에게 노인 사업 모금 콘텐츠를 제시하면 효과가 낮을 수도 있다. 기부자에게 익숙하지 않은 사업내용일 수 있기 때문이다. 대신 장애가 있는 노인을 위한 사업이라면 기부자는 자신이 후원하는 장애인 사업과 연관성을 가질 수 있어서 모금 참여에 좀 더 관심을 가질 수 있을 것이다. 고액 기부자에게는 기부자가 관심을 가질 만한 프로젝트를 새롭게 만들어 제안할 수도 있고, 비슷한 관심을 가진 고액 기부자 클럽을 구성하여 수년간 진행해야 하는 사업을 계획하는 것도 좋은 모금 방법이 될 수 있다.

– 동일한 사업의 모금 콘텐츠(D 사업과 동일한 후원)

　　재 후원의 경우 동일한 사업의 모금컨텐츠를 제안할 수 있는 모금이다. 후원 중단자는 다시 후원할 수 있는 동기부여가 필요하다. 자신이 후원했던 사업은 이전의 후원 기억을 되살리기 좋으며 기부자에게 익숙한 사업이기에 다시 후원을 시작하는데 부담이 적다.

　　모금 콘텐츠는 간단명료해야 한다. 이메일이나 모바일 모금에서 모금 메시지는 되도록 한눈에 보이는 것이 바람직하며, 디자인은 지나치게 화려하면 산만해서 좋지 못하고 모금 메시지를 명확히 보여주는 것에 집중해야 한다. 전화 모금도 마찬가지다. 무엇을 말하는지 알 수 없으면 후원으로 연결되기 어렵다. 짧고 명확한 통화 메시지를 사용해야 한다. 관심이 있고 궁금한 내용이 있으면 기부자가 먼저 물어볼 것이다. 이때 자세하게 충분히 설명해도 늦지 않다. 또한, 기부자 서비스에서 다루었던 스토리 구성은 모금 콘텐츠에서도 효과적이다. 누군가의 이야기는 자신이 알지 못하는 사람의 이야기라도 마음에 닿기 쉽다. 사람의 마음을 움직이기에 가장 강력한 동인은 사람의 이야기다. 가난하고 어려운 상황만을 보여주기보다는 환경과 변화를 위한 이야기로 풀어간다면 누구라도 돕고자 하는 마음이 들지 않을까. 그리고 스토리 안에 분명한 모금 목적을 담아야 한다. 누구도 스토리만으로 막연하게 후원을 하지는 않는다.

모금 액수를 선택할 때는 기부자가 높은 액수부터 볼 수 있도록 하자. 절대적인 기준은 아니지만 높은 액수에서 작은 액수로 내려가는 것이 기부자가 조금이라도 높은 금액을 선택할 가능성이 크다. 반대로 낮은 액수에서 높은 액수로 선택하도록 하면 기본적인 선택이 가장 낮은 금액일 가능성이 있다. 그리고 기타 항목을 넣어서 기부자가 자유롭게 금액을 정할 수 있도록 하자.

모금 콘텐츠의 구성이나 아이디어를 얻고 싶다면 앞서 이메일 모금에서 언급했듯이 타단체 홈페이지, 해피빈이나 같이 가치 등을 자세히 살펴보길 바란다. 해피빈/같이 가치는 단체의 브랜드 인지도가 낮아도 모금이 잘 되는 콘텐츠들이 눈에 잘 띈다. 잘 알려지지 않은 지역사회기반의 단체나 시설도 모금이 잘 되는 경우를 찾아볼 수 있다. 단체의 인지도보다는 아이디어와 기획이 모금에 주는 영향력이 더 크다는 것을 보여주는 실제 사례들이다. 가능하다면 타단체의 모금 컨셉을 벤치마킹하는 것도 좋은 방법이 될 수 있다. 주의해야할 것은 우리 단체 기부자의 특성이 다를 수 있으므로 이를 충분히 고려해서 기획해야 한다.

딱 맞는 그 때 - 모금 시기

모금 시기는 모금 성과에 영향을 준다. 여름 휴가철이나 추석 연휴 기간의 모금은 실패할 가능성이 크다. 기부자의 공감도 얻지 못하고 기부자는 모금 콘텐츠에 집중하지도 못하는 시기이다. 그리고 기부자는 지출이 많은 시기이기 때문에 우선순위에서 모금 참여는 후 순위로 밀리기 쉽다. 모금은 시기를 잘 활용하면 모금 효과를 더 높일수도 있다. 어린이 달에는 아동 사업 모금을, 장애인의 날에는 장애인 사업 모금을, 성탄절에는 저소득 가정 지원 사업 모금을, 노인의 날에는 노인 사업 모금을 진행하면 사회적 관심이 높아진 분위기 속에서 기부자의 관심을 받기 쉬워진다. 이외에도 세계 물의 날, 세계 여성의 날, 세계 아동노동 반대의 날 등 다양한 기념일이 있다. 이러한 기념일은 기부자가 잘 알지는 못해도 시즌에 맞추어 모금하면 기념일의 취지와 의미를 전하는 동시에 모금 메시지의 명분을 자연스럽게 강조할 수 있다.

우리 단체 기부자의 라이프 스타일을 잘 관찰하자. 자세히 살펴보면 단체 기부자로서 가지게 되는 관심 분야와 특징을 지니고 있다. 아동 후원 단체의 기부자는 아동에 관심이 많고, 노인 후원 단체의 기부자는 노인에 관심이 많다. 그리고 주요한 기부자의 연령대나 주요 활동지역, 지역사회 행사 등은 중요한 정보가 될 수 있다. 복지관이나 시설은 지역사회기반이기 때문에 이러한 기부자의 특성을 잘 살펴서 오프라인 모임이나 행사, 지역조직에서 모금을 진행할 수도 있다.

다음은 모금 타깃에 따른 연간 시기를 정리한 표이다.

모금 타깃	후원 중 기부자				후원 중단자
	일반(소액) 기부자	고액 기부자	신규 기부자	미납 기부자	후원 중단 후 1년 이상
모금 구분	정기 후원금 증액, 일시모금, 기부자 배가	고액일시모금, 기부자 배가	일시 모금	미납 모금	재 후원 모금
연간 시기	연 1~2회	1~2년에 1회	상황에 따라	매월	1~2년에 1회

모금 타깃의 규모에 따라 연간 시기는 달라질 수 있다. 타깃의 규모가 크면 연 1회라고 해도 진행 기간과 준비 사항이 많아지고, 타깃의 규모가 작다면 굳이 매년 진행할 필요는 없다. 일반 기부자 모금은 타깃이 중복되지 않는 선에서 매년 1회 정도는 진행하길 권한다. 기부자도 모금 콘텐츠에 익숙해야 모금에 참여하기 쉬워진다. 그리고 모금 담당자의 모금 감각도 잃지 않을 수 있고, 새로운 모금 콘텐츠를 개발할 수 있는 역량을 높여갈 수 있다. 고액 기부자 모금은 모금 기획이 매우 중요하고 잘 준비된 콘텐츠이어야 참여율이 높다. 한번 실망한 기부자는 다시 고액으로 기부할 가능성이 작아지므로 충분한 준비를 거치고 진행하는 것이 좋다. 신규 기부자 모금은 상황에 따라 결정하면 되고, 미납 기부자 모금은 반드시 매월 신속하게 진행해

야 한다. 재 후원 콜은 후원 중단자 규모가 크지 않다면 매년 진행하지 않고 2년에 1회이면 충분하다. 3년에 1회 진행하는 것은 기간 간격이 너무 길어져서 모금의 성과가 낮아질 수 있다.

실수 없이 꼼꼼하게 - 진행 체크리스트

모금은 시작도 중요하지만, 진행 중에 모니터링을 계속해야 한다. 각각의 모금 방법별로 구분하여 진행 중 체크해야 할 사항을 간략히 정리해봤다.

구분	체크 사항
이메일 모금	-메일 발송 후 오류는 없는지 확인해야 한다. 발송 성공 수가 급격히 떨어지는 경우가 있다. 만약 오류가 발생했다면 재발송 처리가 필요하다. -사전에 충분한 테스트를 거치겠지만 실제 모금 메일을 받은 뒤 후원 신청양식에 이상이 없는지 테스트해보자. 후원 정보가 잘 저장되는지 반드시 확인해야 한다. -아주 고액의 후원이 들어오거나 특이한 정보가 입력되는 때가 있다. 가짜 정보이거나 실수일 가능성이 크므로 후원 여부를 전화 통화로 명확히 확인하자.
모바일 모금	-문자발송 이후 기부자의 전화문의가 올 수 있다. 미리 준비한 안내 가이드대로 응대하고 모금을 독려하자. -링크된 모바일 웹에서 후원 신청을 직접 해보고 오류는 없는지 확인하자. 후원 정보가 잘 저장되고 있는지 살펴봐야 한다. -한 번에 모두 발송하기보다 시간 간격을 두고 발송하자. 기부자의 반응을 보면서 문자 내용을 수정해야 할 수도 있다. 기부자가 무슨 문자인지 이해하지 못하거나 참여방법을 모르는 경우가 있다. 이때는 문자 내용과 모바일 웹을 수정해야 할 수도 있다. 한 번에 모두 발송하면 수정할 시간을 확보하기 어렵다.

구분	체크 사항
전화 모금	-전화 모금 기간을 너무 길게 잡지 않아야 한다. 집중력이 떨어지고 성과도 잘 나오지 않는다. 짧은 기간동안 집중력 있게 진행하는 것이 효과적이다. -전화 모금 기간에는 매일 업무 종료 전 그날 통화 결과를 팀원들과 공유하는 시간을 갖도록 하자. 이 시간에 기부자의 다양한 반응을 공유하고 더 효과적인 스크립트로 업데이트하면 좋다. 효과적인 스크립트는 모금 성과와 직접적으로 연결된다. -전화 모금은 매번 통화가 끝난 뒤 후처리 작업이 많은 편이다. 통화 시 기부자의 다양한 문의나 요청, 컴플레인 등이 있기 때문이다. 기부자 요건처리를 꼼꼼하게 체크하고 처리하자.

신뢰성을 보다 높게 - 피드백

모금 피드백은 기부자에게 모금 결과를 알려주는 것으로, 기부자에게 단체의 투명성과 신뢰성을 높여준다. 얼마나 모금이 되었고 모금된 돈이 어디에 어떻게 쓰였는지 기부자에게 알려주어야 한다. 물론 어떤 모금 콘텐츠인가에 따라 피드백 내용은 달라질 수 있다. 월 정기 후원금 증액인 경우는 기부자가 앞으로 후원할 계획이기 때문에 기존의 사업 보고 및 회계 보고를 통해 피드백을 전달하면 된다. 반면에 긴급 구호 키트, 생리대 보급, 교육 기자재 마련 등 특정 사업 또는 프로젝트 단위로 진행되는 모금의 경우, 전달 시기가 조금 늦어져도 반드시 후원한 기부자에게 피드백해야 한다. 만약 사업 기간이 오랫동안 이루어져야 한다면, 앞으로의 계획과 일정을 피드백하거나 중간보고 형태의 피드백도 좋다. 이때 기부자는 실제로 사업이 순조롭게 진행되고 있음을 볼 수 있어서 자신의 후원금이 잘 사용될 것을 기대할 수 있다.

매년 농부는 추수가 끝나면 부지런히 밭을 일구고 비료와 퇴비도 미리 준비해둔다. 다음 농사를 위해서 꼭 해야 하는 일이다. 매년 농작물을 재배하기 위해서는 필요한 일이다. 그렇지 않으면 땅은 척박해지고 식물이 자라지 못하는 버려진 땅이 된다. 기부자에게 피드백은 이러한 역할을 한다. 피드백이 없는 사업에 누가 계속 후원을 하겠는가. 단체를 믿고 신뢰는 하지만 피드백은 피드백이다. 시기가 적절하고 좋은 피드백은 다음 모금 농사를 기약할 수 있게 해준다. 기부자 모금을 농부와 계절로 한번 살펴보자. 봄과 여름에는 농부가 씨를 뿌리고 농작물이 잘 자라도록 땀 흘리며 일하듯이, 기부자 담당자는 적절한 서비스와 의사소통을 통해서 신뢰관계를 쌓아간다. 가을이 오면 농부가 추수를 하듯이 이때 기부자 담당자는 모금을 통해서 결실을 거둔다. 겨울은 어떨까. 농부가 다음 농사를 위해 씨앗을 준비하고 농기구를 정비하듯이, 기부자 담당자는 단체의 사업과 모금 결과를 피드백하고 분석을 통해서 다음 시즌을 준비한다. 농부에게 추수만 있는게 아니듯 우리에겐 모금만 있는게 아니다. 농부가 추수를 위해 많은 정성과 시간이 필요한 것처럼 우리도 그와 같다.

step 3. 기부자 모금, 발전시켜 보자!

우리는
기부자
모금합니다

기부자 모금의 원동력은 기부자와의 신뢰관계이다.

01. 차별화된 기부자 서비스의 효과

우리가 앞서 함께 살펴본 것과 같이 기부자 서비스의 적절한 강화는 후원 유지율에 이바지한다. 하이파이브 프로젝트의 결과에서 나타난 것처럼 추가된 서비스가 일정 기간이 지났을 때 기부자의 중단율을 일부 낮추는 것을 볼 수 있었다. 다음은 후원 유지율의 이해를 돕기 위해 만든 예시인데 함께 살펴보도록 하자.

구분	하이파이브 그룹 (실험집단)	기존 기부자 그룹 (통제집단)
실험	기존 서비스 + 추가 서비스	기존 서비스
시작 인원수	1,000 명	1,000 명
비교 기간	1 년	1 년
종료 인원수	900 명	860 명
후원 유지율	90%	88%
유지율 산출	종료 인원수 ÷ 시작인원 수 1 년 x 100	

위의 표를 보면 1년 뒤 후원 유지율에서 파이파이브 그룹이 기존 기부자 그룹보다 약 2% 높게 나타난다. 비교 기간이 길어질수록 더 많은 차이가 나타날 것이라 충분히 예상할 수 있다. 서비스를 꾸준히 추가하면, 다시 말해 서비스를 계속해서 강화하면 후원 유지율도 무한정 따라서 올라갈까? 물론 그렇지는 않다. 다음 장에서 설명할 후원 납부율과 기부자 데이터 분

석에서도 보겠지만, 후원 유지율은 기부자가 후원을 처음 시작할 때부터 어느 정도 예상이 가능하다. 단체를 후원하기 전에 이미 후원에 관심이 많고 후원 동기가 강한 기부자는 후원 유지율이 높게 나온다. 이들은 적절한 서비스와 후원 피드백이 제공되면 장기간 후원을 한다. 반면에 애초부터 후원에 관심이 없고 후원 동기가 약한 기부자는 서비스가 훌륭하고 피드백이 좋아도 후원 유지율은 상대적으로 낮은 편이다.

어차피 후원 유지율이 기부자의 성향에 따라 거의 바뀌지 않는다면 굳이 수고롭게 서비스를 강화할 필요가 있을까? 서비스를 강화하기 위한 인적, 물적 자원을 투여하기보다 그냥 두고 보는 것이 낫지 않을까? 하지만 기부자 서비스가 기부자의 후원 유지에 절대적인 영향을 줄 수는 없어도 기부자 서비스를 통해서 막연했던 후원 동기가 힘을 얻는 데 도움을 줄 수 있다. 중요한 것은 기부자 서비스가 후원 유지율의 절대적인 요인은 아니지만 지금 우리가 할 수 있는 최선의 일이라는 것이다. 우리에게 맡겨진 역할(기부자 관리)을 꾸준히 감당할 때, 굳어 있던 기부자의 마음도 움직일 수 있을 것이다. 그리고 이러한 노력을 통해 기부자 전체는 아니어도 상당수의 기부자들은 단체의 멤버십까지 가지게 될 것이며, 기부 동기가 높은 기부자의 후원 동기를 유지시키는데 충분히 기여할 것이다.

후원 유지율은 기부자 서비스와 직접 연관되어 있으나 이것만으로는 부족하다. 앞에서 강조한 대로 정기 후원금 관리와 콜 업무가 통합적으로 운영될 때 좋은 효과를 얻을 수 있다. 여기서는 후원 유지율의 개념과 기부자 서비스의 역할을 설명하기 위해 하이파이브 프로젝트를 예시로 제시하였지만, 정기 후원금 관리와 콜 업무, 기부자 관리 통합 운영 등이 없이는 후원 유지율 향상은 쉽지 않다. 기부자 입장에서, 자신의 후원금이 언제 출금될지 모르고 출금되어도 제대로 확인이 안 되면 어떨까?(정기 후원금 관리) 단체와 통화가 안 되면 믿고 후원을 계속할 수 있을까?(콜 업무) 그리고 매번 여러 명의 담당자와 소통해야만 요건이 처리된다면 기분은 어떨까?(기부자 관리 통합 운영) 기부자 관리 전체가 하나로 통합되어 유기적으로 돌아갈 때 후원 유지율은 떨어지지 않고 일정하게 유지되거나 향상될 수 있다.

다른 한편으로는, 이러한 후원 유지율은 다양한 측면으로 산출해 볼 수 있다. 가입방법(온라인, 미디어, 거리, 교회)이나 후원방법(CMS, 카드, 지로), 연령대(20대, 30대…), 후원 약정금액(1만 원대, 2만 원대, 3만 원대…) 등 일정 기간을 지정하여 후원 유지율의 차이를 볼 수 있는데, 이를 근거로 기부자 특성을 파악할 수도 있고, 향후 몇 년 뒤의 기부자 분포도 예측할 수 있다. 이러한 분석과 예측은 CRM접근이라고 볼 수 있으며 기부자 모금의 타깃팅과 성과 예측에도 많은 도움이 된다. 이에 대해서는 '기부자 데이터 분석'에서 자세히 다루도록 하겠다.

02. 기부자 서비스 성과분석

기부자 서비스를 진행하다 보면 잘하고 있는 것인지 항상 되돌아보게 된다. 아마도 단체에서 일하고 있는 많은 종사자가 같은 심정이지 않을까. 기부자를 위한 무언가가 더 필요하지 않을까 하는 질문부터 진행 중인 서비스들이 정말 적절한 것일까 하는 질문까지 스스로 되물을 수 있고, 어떤 담당자는 도저히 시간이 나지 않아 아무것도 하지 못하고 있는 자신을 탓하거나 해야 할 일을 차일피일 미루고 있을지도 모르겠다. 무조건 많은 예산과 서비스가 기부자에게 도움이 되는 것도 아니다. 과도한 서비스는 기부자들도 예산 낭비라는 반응을 보일 것이다. 단체의 특성과 여건에 맞는, 기부자도 적절하다고 여길 정도의 기부자 서비스가 실행되면 되지 않을까. 그렇다면 무엇을 근거로 어떻게 확인할 수 있을까. 기부자 서비스 성과분석은 이에 대한 해답이 될 수 있을 것이라 본다.

기부자 서비스의 성과분석이 갖는 의미는 크게 두 가지 측면에서 볼 수 있다. 하나는 기부자 측면에서, 다른 하나는 단체 측면이다. 기부자 측면에서는 서비스가 기부자의 후원 동기에 긍정적인 영향을 미치고 있음을 확인하여 기부자 중심의 서비스가 되도록 방향을 잡아 주는 것이다. 단체 측면에서는 한정된 예산으로 효율적으로 기부자 서비스를 실행할 수 있는 객관적인 근거를 마련하고, 서비스의 일관성과 지속성을 가질 수 있게 해준다. 여기서 말하고자 하는 성과분석은 업무를 잘했는지 못했는지 평가하고자 하는 것이 아니다. 좀 더 객관적인 근거로 기부자 서비스를 진행하는 것, 그리고 기부자 중심의 서비스를 만드는 것에 목적이 있다.

서비스 성과분석 방법에 대해서는 모바일 설문, 전화 설문, 인터넷/SNS 검색, 그룹 비교, 기부자 모니터링단 등 크게 5가지로 나누어 보도록 하겠다.

모바일 설문(양적 조사)

모바일 설문은 앞에서 자세히 살펴본 바 있다. 모바일 설문은 구글 설문지로 쉽게 만들 수 있을 뿐 아니라 기부자의 응답을 부담 없이 끌어내는 좋은 방법이다. 예를 들어 새로운 감사카드를 제작해서 100명의 기부자에게 발송했다고 하자. 감사카드가 기부자에게 어떠했는지 확인하고자 모바일 설문을 할 수 있다. 100명 모두에게 발송해도 되고 일부만 발송해도 된다. 만약 일부만 발송한다고 하면 무작위(random)로 추출하면 되며, 가장 오래 후원했거나 고액으로 후원하는 기부자를 인위적으로 추출해도 좋다. 설문 문자를 일부 대상에게만 발송한다면 모든 기부자의 의견이 아님을 염두에 두어야 한다. 문자 내용에는 감사카드를 보냈는데 잘 받았는지 물어보는 내용과 감사 메시지를 함께 넣는다. 그리고 마지막 하단에 "소중한 회원님의 의견을 듣고자 합니다."라는 문구와 구글 설문지로 연결한 링크 주소를 넣으면 된다. 설문 문항 수는 최대한 적게 구성하고 감사카드에 관한 질문으로 해야 한다. 5점 척도의 만족도 문항이나 기부자가 의견을 직접 적을 수 있는 문항 등 다양하게 구성할 수 있다. 모바일 설문은 몇 가지 한계성이 있는데, 문자로만 전달되므로 기부자의 반응을 구체적으로 알기 어려울 수도 있고, 기부자가 예상치 못한 만족도 조사로 감사카드의 의미가 제대로 전달되지 못할 수도 있다. 따라서 모바일 설문은 서비스의 형태나 목적에 따라 선별적으로 적절히 사용해야 한다.

전화 설문(질적 조사)

전화 설문은 해피 콜 관점에서 보면 된다. 앞서 예시로 제시한 새로운 감사카드를 전화 설문으로 진행한다고 가정해보자. 통화 내용은 감사카드를 보냈는데 잘 받았는지 물어보는 것으로 시작하는 것이 좋다. 서두부터 서비스 만족도 조사라고 하면 분위기가 어색해질 수 있고 기부자가 잘 이해하지 못할 수도 있다. 전화 설문에서는 기부자가 설문 조사라는 느낌을 받게 하기보다는 해피콜의 형태로 접근하는 것이 좋다. 질문 내용은 모바일 설문 조사 항목과는 조금 달라야 한다. 전화 통화에서 5점 척도의 만족도를 물어보기에는 다소 부적절할 수 있다. 통화 내용으로는 카드를 받아서 어떠했는지, 내용은 어떠했는지, 다음에 카드를 받게 된다면 어떻게 발송하면 좋을지가 될 수 있을 것이다. 모바일 설문은 대상자를 많이 설정할 수 있어 양적 분석의 장점이 있고, 전화 설문은 기부자 개인의 다양한 의견을 구체적으로 알 수 있어 질적 분석의 장점을 충분히 살릴 수 있다.

인터넷/SNS 검색

지금은 페이스북과 인스타그램의 시대이다. 기부자들도 활발하게 SNS 활동을 한다. 새로운 기부자 서비스로 소식지를 우편으로 발송했거나 모바일 콘텐츠가 있다면 인터넷이나 SNS를 검색해보길 바란다. SNS를 통해 자신을 표현하는 기부자를 찾아볼 수 있을 것이다. 자신의 블로그나 카페 게시판에 단체에서 보낸 감사카드를 사진으로 찍어 게시할 수도 있다. 한번은 캘리그래피를 후원 1~2주년의 기부자들에게 보낸 적이 있었는데, 한 기부자가 캘리그래피가 예쁘다며 핸드폰 바탕화면에 올린 후 캡처해서 자신의 SNS에 올린 것을 확인할 수 있었다. 인터넷/SNS 검색은 기부자의 자발적 피드백이 있는 경우에만 확인할 수 있는 단점이 있지만, 가장 확실하고 훌륭한 사례분석이 될 수 있다.

그룹 비교(실험집단, 통제집단)

그룹 비교는 앞서 다룬 하이파이브 프로젝트를 기준으로 보면 되겠다. 그룹 비교는 일종의 '사후 검사 진실험설계'라고 볼 수 있다. 이 실험은 무작위로 할당된 두 그룹에서 한 그룹(실험집단)은 조작이 이루어지고 다른 그룹(통제집단)은 조작이 이루어지지 않는다. 그룹 비교에서 실험집단은 조작으로 새로운 서비스가 진행되고 통제집단은 새로운 서비스가 없이 진행된다. 일정 기간이 지난 후 후원 유지율이 높은, 즉 서비스가 추가된 실험집단의 기부자 수가 통제집단의 기부자 수보다 많으면 서비스가 효과가 있다고 보는 것이다. 이러한 그룹 비교는 최소한 1년 정도의 기간을 두고 진행하는 것이 바람직하다. 기간이 짧게 되면 그 차이를 명확히 보기 어렵다. 또한, 한 가지 서비스보다는 하이파이브 프로젝트에서처럼 몇 가지 서비스를 묶어서 실험하는 것이 좋다. 실험할 수 있는 서비스 개수가 적으면 그룹 간의 차이를 보기도 어려울 수 있다. 그룹 비교는 향후 장기간의 서비스 개편에 필요한 객관적인 근거를 준비하는 데 추천할 만하지만 하나의 개별적인 서비스에 따른 기부자의 변화를 찾기에는 무리가 있다. 하나의 서비스가 모든 기부자의 후원 유지에 직접 영향을 주었다고 보기는 어렵기 때문이다.

기부자 모니터링단

　기부자 모니터링단은 평상시 활동하는 자원봉사자 또는 각종 행사나 프로그램에 참석하여 친밀감을 쌓은 기부자를 대상으로 신청을 받거나, 모든 기부자를 대상으로 모니터링단 모집 홍보를 하여 운영할 수도 있다. 모니터링단의 역할은 기존의 서비스 또는 서비스 변경에 대한 의견을 내는 것이다. 모니터링단은 일정한 기간에 활동한 이후 다시 새롭게 구성해서 하는 것이 좋다. 매년 같은 기부자의 의견으로만 진행되면 다양한 기부자의 생각을 알 수 없다. 한 가지 유념해야 할 부분은 모니터링단의 의견에만 지나치게 의존해서는 안 된다는 것이다. 만일 중요한 서비스를 실행하는 상황이라면, 기부자 모니터링단은 질적 조사로써 의견을 수렴하는 차원에서 진행하고, 앞서 설명한 다른 성과분석 방법 중에서 하나를 선택하여 좀 더 다양한 의견을 반영하는 것도 좋다. 한편으로는 외부의 전문가를 섭외하여 의견을 수렴하는 방법도 고려해볼 만하다.

　지금까지 기부자 서비스 성과분석에 대하여 살펴보았다. 이러한 성과분석은 엄밀하게 말하자면 '서비스가 후원 유지 또는 후원금 증액에 얼마나 직접 영향을 주었는지' 측정할 수 있어야 한다. 분석이란 객관적인 수치를 기반으로 해야 한다. 그러나 현실적으로 어떤 요인이 '후원 유지 또는 후원금 증액에 얼마나 영향을 주었는지' 확인하기가 쉽지 않다. 단체의 서비스

외에 기부자 개인적 요인이 너무 많기 때문이다. 기부자가 직장에서 승진하여 기분이 좋아 후원금을 증액할 수도 있고, 어느 날 TV를 보다가 어떤 프로그램에서 어려운 아동의 모습을 보고 현재 후원하는 단체에 평생 기부하려고 할 수도 있다. 어떤 기부자는 다른 단체에 관심도 없고 그냥 단체를 바꾸기 귀찮아서 계속 후원할 수도 있고, 또 어떤 기부자는 자신도 생활고를 겪고 있지만 꿋꿋하게 정기 후원을 할 수도 있다.

만약 기부자 서비스의 성과를 정확히 측정하고자 한다면 어떤 서비스 항목이 기부자에게 영향을 주었는지, 그리고 단체의 서비스 외에 어떤 요인이 기부자에게 영향을 주었는지 모두 확인할 수 있어야 한다. 이러한 조사를 진행한다면 기부자의 모든 환경적 요인과 심리적 요인을 분석해야 하는데, 그렇게 하기에는 확인해야 할 요인들이 너무 많고 굳이 그렇게까지 해야 할 필요도 없다. 따라서 서비스 성과분석은 위에서 살펴본 바와 같이 기부자의 의견을 적절히 수렴하고 만족도를 측정하여 기부자 중심의 서비스가 이루어지고 있는지 확인할 수 있으면 된다. 기부자로부터 단체의 서비스가 부족한 부분은 없는지 확인하려는 노력과 자세를 가지고 있다면, 이미 적절한 서비스를 제공하고 있으며 후원 유지와 증액에 도움을 주고 있다고 볼수 있을 것이다. 그리고 분석 내용을 근거로 단체 내에서 기부자 서비스의 필요성을 증명할 수 있게 되고 더 나아가 기부자 서비스를 개선하고 강화할 수도 있다.

03. 기부자 모금 성과분석 체크 포인트

　　기부자 모금 성과분석은 매우 중요하다. 이제까지 설명한 모금의 성공 여부는 이전에 작성된 모금 성과분석을 참고하느냐 하지 않느냐에 따라 달라질 수도 있다. 기부자의 반응이 낮은 모금을 굳이 매번 할 필요는 없다. 이전에 시행했던 모금이 반응이 좋지 않았다면 그 이유를 분석하고 다음 모금에 반영하도록 하고, 반응이 좋았다면 왜 반응이 좋았는지 확인하여 다음 모금에 적용해야 한다. 그리고 기부자 모금은 한번 성공했다고 해서 매번 성공하는 것은 아니다. '모금은 언제나 예측 불가능한 실전이다.'

　　앞서 예시로 들었던 국내 사업 기부자를 대상으로 한 해외 사업 후원 증액 모금은 그다음 해에는 진행하지 않았다. 이미 한번 기부자에게 노출이 되어 반응률이 떨어질 것으로 보였고, 이전에 성공한 콘텐츠라고 해서 반드시 좋은 반응을 끌어내리라는 보장은 없었기 때문이다. 가능하면 몇 년이 지난 이후에 다시 진행해보거나 후원증액을 하지 않았던 기부자를 별도로 추출하여 모금하는 것이 효과적일 수 있다. 모금의 성공 요인은 표면적으로 보이는 내용에서 찾는 것도 중요하겠지만 그 안에 담긴 원리를 찾아내고 이해하는 것이 더 중요해 보인다.

모금 타깃과 모금 방법

　　모금 성과분석에서 가장 먼저 살펴야 할 분석 대상은 모금 타깃과 모금 종류이다. 적절한 모금 대상에게 적절한 모금을 실행했는가를 살피는 것이다. 예를 들어 일반 기부자에게 고액 모금을 한다든지, 미납 기부자에게 새로운 모금 콘텐츠를 제시하면 어떻게 될까? 모금 효과가 없지는 않겠지만 효율성은 매우 떨어질 것이다. 일반 기부자는 고액 기부에 별다른 관심이 없을 것이며, 미납 기부자는 기존의 후원 유지도 제대로 되지 않으므로 새로운 모금 콘텐츠로 반응을 얻기는 어렵다. 실제로 모금 타깃에 적절한 모금을 실행하지 못하는 경우가 상당히 많다. 콘텐츠만 좋으면 누구나 모금에 참여할 것이라는 착각에 빠지기 쉽다. 반드시 기억해야 할 것은 기부자는 이미 후원 중이라는 사실이다. 일반 기부자에게는 소액 일시 후원이나 소액의 정기 후원 증액이 적절한 모금이 될 수 있고, 미납 기부자에게는 후원 지속을 위한 미납 콜이 진행되어야 한다.

　　다른 예로, 후원 중단자를 대상으로 이메일 모금을 하면 어떨까? 이메일 모금은 비용이 그리 많이 들어가지는 않으나 중단자의 반응률은 그리 좋지 않을 것이다. 온라인 특성상 자발적인 참여가 중요한데 후원 중단자는 자발적 후원 가능성이 거의 없다. 전화 모금을 진행하면서 이메일 모금을 함께 한다면 모를까 이메일 모금만 진행해서는 반응을 얻기 어렵다. 후원 중단자는 매우 적극적인 방법으로 재 후원을 유도해야 한다. 그리고 후원 중단자는 자신의 후원 경험을 기억하지 못할 수도 있으므로 모금 메일을 스팸메일로 오해할 수도 있다.

또한, 살펴봐야 할 것은 모금 타깃 데이터를 제대로 추출했는지도 확인해야 한다. 기초적이고 당연한 일이지만 엉뚱한 데이터를 뽑아서 모금을 진행할 수도 있다. 모금 타깃 데이터를 제대로 추출하고 모금 콘텐츠가 정확하게 전달되었는지도 살펴보아야 한다. 생각지도 못한 과정에서 실수가 일어나기도 한다. 관리 프로그램에서 마우스 클릭 실수 하나로 전혀 다른 대상을 추출하는 것도 언제나 일어날 수 있는 일이다.

모금 성과가 기대치에 많이 못미친다면 모금 타깃과 모금 종류를 먼저 살피고 다음 분석 단계로 나아가야 한다. 이 과정 없이 바로 모금 콘텐츠만 살펴서는 정확한 분석이 되지 않을 수도있다. 중요한 과정임에도 불구하고 놓치기 쉬운 과정이다.

모금 콘텐츠

모금 타깃과 모금 방법을 살펴보았다면, 모금 콘텐츠가 기부자에게 적절하였는지를 확인해야 한다. 단체의 기부자는 이미 많은 사업내용을 파악하고 있다. 정기 소식지와 홈페이지를 통해서 관심 있는 내용은 거의 알고 있다. 특히 후원에 관심이 많은 기부자일수록 자발적인 기부 탐색 활동, 즉 기부할 대상을 찾아 스스로 기부하고 있을 것이다. 이들은 일반적이고 익숙한 모금 콘텐츠로는 잘 움직이지 않을 수 있다. 분명한 대상과 목적이 있어야 한다. 기부자는 짧게는 몇 개월에서 길게는 십수년 이상 후원하고 있기 때문이다. 그리고 다른 단체를 함께 후원하고 있는 기부자라면 어떨까. 단체 직원만큼은 아니겠지만 다양한 후원사업을 알고 있을 것이다. 우리 단체에 오랜 기간 후원하고 있다면 다른 단체에도 그만큼 후원하고 있을 수 있다.

이미 후원하고 있는 콘텐츠와 비슷하지는 않았는지, 아니면 수년간 반복적으로 전한 콘텐츠는 아니었는지 다시 확인해야 한다. 매년 잘 진행하는 모금 콘텐츠임에도 이전보다 모금 성과가 낮을 때가 있다. 해외 결연 기부자를 대상으로 선물금 캠페인을 진행한 적이 있는데, 모금액이 예전 같지 않았다. 그렇다고 기부자에게 전화해서 확인할 수도 없는 일이다. 해외 사업장에서 아동들에게 가장 필요한 물품 내용을 신청받아 모금하므로 매년 다른 콘텐츠로 구성된다. 그리고 후원금으로 구입한 물품 사진을 모금 피드백으로 기부자가 받기 때문에 모금 명분과 신뢰는 좋다고 판단하고 있었다. 그런데도, 모금이 잘되지 않은 경우는 기부자가 모금 콘텐츠에 익숙해졌기 때문이라고 볼 수 있을 것이다. 모금 콘텐츠에 좀 더 신경을 쓰지 않는다면, 다음해에도 모금 성과가 크지 않을 수도 있다.

기대했던 콘텐츠였음에도 기부자의 반응이 낮을 때가 있고, 크게 기대하지 않았던 콘텐츠였는데 의외로 반응이 좋아 모금이 잘되는 때도 있다. 사실 기부자의 마음을 정확히 알아내기란 쉬운 일이 아니다. 그래서 어떤 콘텐츠가 모금 성과가 좋았는지 또는 좋지 않았는지 잘 정리해둘 필요가 있다. 하나의 모금 콘텐츠를 준비하는 일은 단숨에 되는 일은 결코 아니며 조금씩 발전시켜 갈 수밖에 없다. 반복적인 실수를 하지 않는 것만 해도 좋은 성과라고 할 수 있다.

모금 시기

모금을 준비하다 보면 계획했던 시기보다 늦어질 때가 많다. 그리고 좋은 시기라고 판단했어도 막상 진행할 때는 좋지 못한 상황이 생기기도 한다. 당시에 어떤 사회적 이슈가 생길지, 아니면 기부자 개인의 상황이 어떨지는 아무도 알 수 없다. 아동 후원 단체가 5월에 큰 모금 이벤트를 기획하였는데, 어떤 후원 단체의 문제가 언론에 크게 나오면 모금은 기대에 미치지 못할 수도 있다. 한편으로는 경기가 나빠져서 사회적 분위기가 어려워 보여도 후원은 오히려 활발하게 진행되기도 한다. 사실 모금 시기만큼 불확실한 요인은 없다. 그래서 모금 규모가 크고 준비 기간이 길었다면 상황에 따라서는 일정을 조정해야 할 때도 있다. 모금 시기는 기부자가 모금에 좀 더 집중할 수 있는지를 확인하면 된다. 기부자를 대상으로 한 일반적인 모금의 경우는 대체로 기부자 개인의 상황으로만 한정되므로 크게 신경을 쓰지 않아도 된다. 만약 모금 시기가 모금 성과에 영향을 준 것으로 판단된다면 다음에 진행할 모금에서는 시기를 일부 조정할 필요가 있다. 모금 시기도 단번에 정해지지는 않는다. 시행착오 과정을 거쳐서 최적의 모금 시기를 결정할 수 있다.

모금 진행

전화 모금은 다른 업무들로 인해 지지부진하게 지연되기도 하고, 이메일 모금은 발송 오류가 생겨 다시 발송하는 일이 발생하기도 한다. 모바일 모금은 처음 받아보는 문자로 기부자들의 문의 전화가 한 번에 밀려들 수도 있다. 모금 계획을 잘 세우고 준비를 잘했더라도 실제 모금 진행에서는 다양한 문제 상황을 맞기도 한다. 문제 상황이 발생하였다고 해서 준비가 미흡했다고 여길 필요는 없다. 물론 준비를 잘했다면 발생하지 않았을 수도 있겠지만 어떤 일이든 크고 작은 일이 생기기 마련이다. 모금 진행이 원활하지 않았다면 그 문제요인을 잘 정리하자. 그리고 좀 더 효율적인 대처방안에 대한 의견을 제시하고, 계획 단계에서 미리 예방할 수 있는 환경을 설정해야 한다.

또한, 모금 진행은 모금 기간이 길어질수록 모금 집중도가 약해지므로 너무 넉넉하게 기간을 잡을 필요는 없다. 이메일 모금은 일주일 정도, 모바일 모금은 3~4일, 전화 모금은 2~3

주 정도면 충분하다. 이는 데이터 규모(기부자 수)에 따라 차이는 있을 수 있다. 이후 기간에도 모금에 참여하는 기부자가 있긴 하지만 매우 적다. 모금 진행은 조금 짧게 느껴져도 집중력을 가지고 하는 것이 바람직하다.

모금 담당자는 경험이 많아질수록 위기 대처능력이 향상된다. 한번 실수했다고 물러서면 모금의 길을 걸어갈 수 없다. 준비가 미흡해서 모금 진행이 원활하지 않을 수도 있지만 잘 준비하였어도 예외적인 상황으로 모금 진행은 어려울 수도 있다. 준비 과정에서 체크해야 할 일들과 진행 과정에서 점검해야 할 일을 꼼꼼하게 정리해두면 다음 모금에서 좋은 성과를 기대할 수 있을 것이다. 모금 성과분석은 보고서 형태로 작성되는 것이 좋은데 이는 나중에 다른 담당자가 참고할 수 있고 필요할 때는 언제든지 부서에서 공유할 수 있어서이다. 그럼 성과분석에는 어떤 내용이 들어가는지 알아보자.

- 모금 기안 첨부: 성과분석 보고서를 작성할 때는 어떤 근거로 모금을 진행하였는지 확인하기 위해서 모금 기안을 첨부한다.
- 주요 평가: 모금 타깃, 모금 종류, 모금 시기, 모금 콘텐츠, 모금 액수, 지출 내역 등을 개별적으로 요약한 후, 종합적인 관점에서 성공 요인 또는 개선 요인을 기술한다.
- 평가 의견: 모금 담당자의 의견을 요약 기술한다. 주요 평가에서 다루지 못한 내용을 첨가하는 것이 좋다.

- 보고서 열람 권한: 직원 누구나 볼 수 있도록 대외비 설정은 하지 않는다.

　　모금 성과분석은 평가만을 위한 분석이 결코 아니다. 평가의 의미보다는 다음 모금을 위한 준비이며 모금 성공률을 높이기 위한 마무리라고 볼 수 있다. 새로운 도전의식을 가지고 모금을 할 수 있는 분위기 조성에 관심을 가져야만 한다. 기부자 관리 부서에서 기부자 모금을 진행한다고 하면 모금 진행자는 자신이 모금 전문가도 아닌데 기부자 모금을 왜 해야 하는지 이해하기 어려울 수도 있다. 더구나 모금 진행에 투입된 노력과 예산에 비해 목표 달성률이 낮다고 생각되면 다음 모금을 위한 의욕부터 떨어질 수 있다. 신규 모금과 달리 기부자 모금은 평가에 대한 스트레스나 압박감으로부터 어느 정도 자유로울 수 있도록 단체에서 배려해 주어야 한다. 기부자의 후원 특성은 단번에 알아내기도 어렵고, 빠르게 변화하는 트렌드도 무시할 수 없는 요인이다. 꾸준한 모금 시도를 통해 점진적으로 파악해야 하고 세부적으로 분석해야 한다. 또 트렌드의 흐름도 면밀히 관찰해야 한다.

　　모든 준비가 잘되어 완벽하게 진행되었다 해도 성과가 예상했던 기대치보다 낮을 수 있다. 이때에는 기부자의 특성이 반영되었다고 볼 수 있다. 5천 원 미만의 소액 월 정기 기부자를 대상으로 증액 캠페인을 진행한 적이 있었는데 성과는 매우 낮았다. 자체 평가에서 모금 준비와 진행에 별다른 문제점은 없었던 것으로 파악되었다. 우리가 내린 결론은 모금 타깃으로 삼았던 소액 기부자의 특성이었다. 이미 소액으로 기부한다는 것은 기부자 나름의 이유가 있는 것으로, 단 한번의 모금 캠페인으로 증액하지는 않는다는 것이다. 성과가 낮다면 낮은 이유에 대해서 명확히 결론을 짓고 다음 모금에서는 아예 타깃에서 제외하거나 새로운 모금 콘텐츠를 개발하여 평가에서 도출된 결론을 반영하면 된다.

기부자 모금 성과분석 체크 포인트에서 지출 대비 성과 (모금액)에 대해서는 별도로 다루지 않았다. 모금액보다 지출이 많아도 된다는 뜻은 아니다. 단체 측에서는 성과가 중요하겠지만, 기부자 입장에서 본다면 후원 독려도 기부자 경험을 쌓아갈 수 있는 기회이다. 그리고 모금액보다 지출이 많았다고 해서 다음 모금을 포기하거나 예산을 대폭 축소할 필요는 없다. 모금은 언제나 예측 불가능한 실전이기에 꾸준히 시도해가는 것이 중요하다고 본다. 매년 장마와 태풍이 오지만 농부는 봄이 오면 씨를 뿌린다.

04. 기부자 데이터 분석

　　기부자 서비스는 서비스 대상자를 구분하고 대상자의 특성, 인원 수, 기부 금액 등을 고려하여 정기 서비스와 예우 서비스를 세부적으로 진행한다. 그리고 기부자 모금은 진행 전에 어느 대상으로 모금할 것인지 타깃팅을 한 후 모금 대상자의 특성에 맞게 모금을 한다. 이러한 과정들은 이미 기부자 데이터 분석을 포함하고 있다(이하 데이터 분석). 데이터 분석은 복잡한 과정을 거쳐 새로운 결과를 알아내는 과정만을 의미하지 않는다. 대상자를 세분화하고 대상자의 특성에 따른 전략을 세우는 과정이 바로 데이터 분석이다.

　　서비스와 모금에 대하여 설명하면서 각각 성과분석을 다루었다. 성과분석은 데이터 분석에서 크게 벗어나지 않는다. 성과분석도 데이터를 통해 확인하는 것으로 데이터 분석에 포함된다고 볼 수 있다. 성과분석은 '어떤 목적을 위한 행동의 결과를 확인'하는 것이라면, 데이터 분석은 '어떤 목적을 가지고 데이터의 유의미한 요인이나 현상을 확인'하는 것이다. 데이터 분석의 목적은 다양하다. 기부자의 특성을 파악하고, 이를 토대로 기부자 관리와 모금에서의 긍정요인이나 부정요인을 찾을 수도 있고, 우리가 지금까지 살펴본 기부자 관리가 어떤 효과를 가지는지 알아낼 수도 있으며, 후원 유지율과 후원 납부율을 파악하는 데에 도움을 줄 수도 있다. 또한, 데이터 분석을 통해 후원금의 추이를 파악함으로써 다음 연도의 정기 후원금 예측도 가능하다.

　데이터 분석은 단체를 후원하는 기부자의 특성을 파악하고 중장기적인 서비스와 모금 계획을 세우는 데 매우 중요한 자료가 된다. 이러한 자료들은 CRM 접근의 기반이 되고 기부자에게 적절한 서비스와 모금을 실천할 수 있게 해준다. 기부자 관리 담당자는 경험적으로 기부자의 특성을 상당히 많이 알고 있다. 기부자의 특성을 바탕으로 객관적인 데이터를 추출하는 일이 기부자 데이터 분석이라고 보면 된다. 이미 대부분 담당자는 여러 가지 사유로 기부자와 후원금 현황을 파악하고자 많은 시간과 노력을 기울이고 있을 것이다. 데이터 분석은 이러한 다양한 현황을 살펴보는 데서 시작된다.

　여기에서는 정기 후원금 현황, 정기 후원금 증감과 예측 등에 대해 알아 보도록 하겠다. 후원금의 추이를 파악하면 기부자의 특성도 알 수 있다. 우리 단체의 기부자는 어느 사업에 후원을 많이 할까? 단순하게 생각해서 특정 사업 분야에 후원금이 많다면 그 사업에 관심 있는 기부자도 많다는 뜻이니 서비스와 모금도 이를 근거로 진행한다면 좋은 반응을 얻을 수 있을 것이다. 후원금 추이를 더 세분화하면 세분화할수록 기부자의 특성을 알 수 있는 다양한 정보들이 더 많이 나온다.

정기 후원금 현황

　　기부자 관리 담당자는 매월 보고서를 작성하며 정기 후원금 현황을 모금 방법이나 사업, 모금 부서, 지부 등으로 구분하여 산출할 것이다. 필요한 데이터를 추출하려면 아무래도 기부자 관리 프로그램을 사용하는 것이 편리하고 신속할 것이다. 비영리단체에서 사용할 수 있는 관리 프로그램은 여러 종류가 나와 있는데, 프로그램에 따라 기능과 사용방법은 일부 다를 수 있다. 여기서는 내가 사용했던 MRM프로그램을 예시로 정기 후원금 현황과 분석을 설명하도록 하겠다. MRM프로그램에서는 자료분석(SDA)을 활용하여 다양한 통계를 볼 수 있는 기능이 있는데, 아래의 화면은 가상으로 만든 데이터를 가지고 한 달간의 정기 후원금 현황을 산출해 본 것이다.

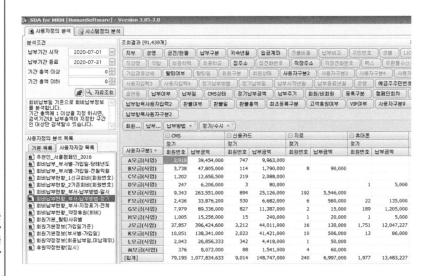

산출방법은 간단하다. 화면의 왼쪽 상단에 있는 '납부 기간(시작~종료)'을 한 달 기간으로 설정한 후, 중앙 상단에 나열된 관리 항목들 가운데 통계에 필요한 항목을 선택하여 하단 여백에 마우스로 끌어당겨 놓으면 바로 수치가 나온다. 위의 화면을 자세히 설명해 보면, 파악하고자 하는 내용 값으로 '회원 번호'(정기 기부자 수)와 '납부금액'(후원금액)을 설정하였고, 가로 축은 '납부 방법'(CMS, 신용카드, 지로, 휴대폰)과 '정기/수시'(일시 후원금/정기 후원금)로, 세로 축은 '사용자 구분1'(모금/사업 구분)로 분석한 것이다. '사용자 구분1'은 MRM의 항목 구분 값이며 임의로 모금(사업)명으로 부여하여 설정한 것이다.

각각의 항목들은 마우스로 이동할 수 있어서 쉽게 통계 형태를 변경할 수 있으며, 본인이 주로 사용하는 통계 형태는 '사용자 저장 목록'에 저장이 가능하여 매번 다시 설정할 필요가 없다. 또한, 엑셀로 저장할 수도 있으며 화면상의 수치들을 마우스로 범위를 설정해서 복사한 후 엑셀에 붙여넣기도 가능하다. 수작업으로 데이터를 추출하는 경우는 수치가 정확한지 프로그램상의 이러한 툴(tool)을 통해서 확인하면 좋을 것이다. 매월 정기 후원금 현황을 산출해 놓으면 연간 후원금 추이를 볼 수 있고, 후원금 분석의 기초 데이터로 활용할 수 있다.

신규 개발과 후원 중단

매월 새로운 신규 기부자가 얼마나 유입되는지 파악하는 일은 쉽지만 신규 기부자가 얼마나 오랜 기간 후원하는지는 알기가 어렵다. 한번은 신규 기부자의 평균 후원 기간이 너무 궁금해서 연도별로 나누어 데이터를 추출해 본 적이 있다. 방법은 간단하지만, 산출하기까지 엄청난 엑셀 작업이 이루어져야 한다. 과정을 간략히 설명하면, 2017년에 가입한 전체 기부자 수가 1,000명이라고 가정하자. 다음 해 2018년에 2017년 신규 기부자 가운데 중단한 기부자 수가 100명이라면 후원 중인 기부자는 900명이 된다. 그리고 그 다음 2019년에 2017년 신규 기부자 가운데 중단한 기부자가 100명이라면 후원 중인 기부자는 800명이 된다. 이 과정을 올해까지 반복하면 2017년에 가입한 기부자의 연도별 후원 유지현황이 나올 것이다.

그런데 문제는 이 작업이 2017년에 가입한 기부자만 알 수 있다는 사실이다. 다른 연도에 가입한 기부자의 후원 유지율을 알기 위해서는 앞의 과정을 그대로 반복해야 한다. 그리고 사실은 우리가 분석하고자 하는 대상이 월 정기 기부자이기 때문에 연도 단위로 구분하지 않고 월 단위로 구분해서 산출하는 것이 제대로 된 과정이라고 볼 수 있다. 연도 단위가 아닌 월 단위로 산출한다면 엑셀 작업을 얼마나 더 해야 할까? 아마도 앞에서 했던 작업을 몇 배는 더 해야 할 것이다. 또 한편으로는 이

방법의 한계점이 있는데 미납 기부자를 제외할 수 없다는 것이다. 미납 기부자는 후원 중이긴 하지만 실제로 납부는 되지 않기 때문에 원칙적으로는 제외하는 것이 적절하다. 하지만 미납 기부자를 제외하려면 어느 정도의 미납 기간을 기준으로 기부자를 제외해야 할지 정해야 하고, 일일이 미납 여부까지 확인하면서 데이터를 산출해야 한다. 거의 불가능해 보인다.

비록 연도 단위로 구분해서 후원 유지율을 파악해도 대략적인 추이는 알 수 있기에 나름대로 의미 있는 데이터 분석이라고 할 수 있다. 모금 부서별 또는 모금 방법별로 후원 유지 현황을 산출하면 서로 비교해 가며 모금의 효율성을 파악할 수도 있다. 그리고 모금 과정상의 문제는 없는지도 확인할 수 있다. 만약 신규 기부자 개발을 열심히 해도 후원 중단율이 높다면 어딘가에 문제가 있는 것이다. 우리가 앞에서도 살펴보았지만, 기부 동기가 높은 기부자를 찾는 것이 중요하다. 하지만 현실적으로 단체에서는 기부 동기가 낮은 기부자라도 한명의 후원 개발이 절실하다. 그렇다고 무작정 후원 가입에만 몰두하면 단체운영이 매우 비효율적일 수 있다. 모금에 들어가는 비용은 커져가는데 중단자가 많으면 그만큼 사업의 안정과 확장은 이루어지기 힘들다. 이때 데이터 분석을 통해 모금 과정에서 발생하는 비효율적인 요인들을 찾아 개선할 수 있다.

그렇다면 단체의 후원 유지 현황을 알기 위한 편리한 방법은 없을까? MRM프로그램에는 이러한 기능을 가진 감소율 리포트가 있다. 감소율 리포트는 첫 출금이 된 기부자가 다음 달에 후원했는지, 그리고 그 다음 달에도 후원했는지를 반복 추적하여 일정 기간 후원이 얼마나 유지하는지 비율(%)로 알려준다. 매월 정기 후원금을 납부한 기부자만을 추적하므로 후원 중단자와 미납자는 제외된다. 실제로 후원(후원금 납부)이 이루어진 기부자만 추출되기 때문에 정기 후원금 현황의 데이터 기준과 같다고 볼 수 있다. 아래의 그림은 'MRM 감소율 리포트' 화면과 리포트 수치를 엑셀 그래프로 작업한 가상의 사례이다.

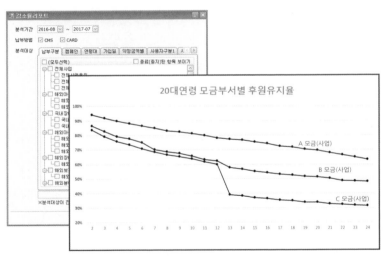

감소율 리포트는 후원사업별, 연령대별, 약정금액대별, 모금 방법별, 모금 부서별 등 다양한 기준을 설정하여 일정한 기간의 기부자 감소 비율을 확인할 수 있다. 위의 그래프는 모금 부서별로 개발한 20대 연령층의 기부자가 지난 2년간 얼마나 정기 후원을 유지하는지를 보여주고 있다. A모금 부서의 신규 개발이 다른 모금 부서의 신규 개발보다 기부자의 후원 유지율이 더 훨씬 높게 나타나고 있다. B와 C모금 부서 신규 개발은 후원 1년까지는 큰 차이를 보이지는 않으나, 1년 이후 B모금 부서 그래프의 감소 폭은 완만하게 떨어지는 것에 비해 C모금 부서는 후원 유지율이 급격히 떨어지고 있다. 만약 실제로 발생한 일이라면 즉각적인 원인파악과 조치가 필요하다고 볼 수 있다. 이러한 후원 감소율을 낮추기 위해서, 다시 말해 후원 유지율을 높이기 위해서는 모금 과정에서의 문제가 무엇인지 파악해야 하며 효과적인 모금 방법을 찾아 공유해야 한다. 이러한 분석과정이 없다면 모금의 효율성이 떨어져도 원인을 찾지 못할 수도 있다. 따라서 데이터 분석은 다양한 영역에서 수시로 이루어지는 것이 바람직하다.

정기 후원금 증감 현황

매월 정기 후원금 총액이 전월 대비 꾸준히 상승하기 위한 조건에는 무엇이 있을까? 신규 기부자 수가 꾸준히 증가하고, 후원 중단자 수는 일정하거나 감소해야 한다. 여기에 후원 중인 기부자의 약정 후원금이 증가하면 전체 정기 후원금은 훨씬 더 증가할 것이다. 그러나 약정 후원금을 증액하는 기부자는 많지 않기 때문에, 일반적으로 꾸준한 신규 기부자 수의 유입과 후원 중단자 수의 유지 또는 감소가 가장 큰 요인이라고 말할 수 있다. 신규 기부자 수와 후원 중단자 수의 추이만으로는 정기 후원금 상승 조건을 파악하는 데에 어려움이 있다. 이미 후원 중인 기존의 기부자 규모가 올해 새로 유입된 신규 기부자 규모보다 훨씬 커서 매월 변화하는 정기 후원금 추이를 명확히 파악하기란 쉽지 않다. 그렇다면 어떻게 정기 후원금 증감 현황을 자세히 알아볼 수 있을까?

여기서 제시하는 방법은 '신규 정기 후원금'과 '기존 정기 후원금'을 구분하는 것이다. 신규 정기 후원금과 기존 정기 후원금을 구분하면 정기 후원금의 증감을 눈으로 쉽게 확인할 수 있다. 단체에서는 매년 신규 기부자 개발 목표를 세울 것이다. 당해 연도에 개발 목표에 따라 열심히 모금 활동을 해서 유입된 기부자가 '신규 기부자'이며 이들이 후원한 금액이 '신규 정기 후원금'이다. 그럼 기존 기부자는 누가 될까? 후원 가입일이 올해가 아닌 작년까지 가입한 모든 기부자가 '기존 기부자'가 되고 이들이 후원한 금액은 '기존 정기 후원금'이 된다. 신규 기부자 수는 당해 연도에 새로 유입되기 때문에 꾸준히 증가할 것이고, 기존 기부자 수는 새로운 유입이 없으므로 꾸준히 감소한다. 따라서 신규 정기 후원금과 기존 정기 후원금도 이와 같은 특징을 가진다고 볼 수 있으며 요약하면 다음과 같다.

구분	가입일	기부자 수	월정기 후원금	정기 후원금 총액
신규 기부자	당해 연도	지속적 증가	신규 정기 후원금	지속적 증가
기존 기부자	단체 창립 ~ 지난 해	지속적 감소	기존 정기 후원금	지속적 감소

이제 구체적으로 정기 후원금 증감 현황을 함께 살펴보도록 하자. 아래의 표는 임의로 만든 월별 정기 후원금 현황이다. 신규 정기 후원금과 기존 정기 후원금이 어떻게 시작되고 구분되는지 알 수 있다.

(단위:천 원)

구분	전년도	당해 연도				
	12 월	1 월	2월	3월	4월	5월
신규 정기 후원금		150	430	710	1,060	1,350
(신규 증감)	-	+150	+280	+280	+350	+290
기존 정기 후원금		11,760	11,510	11,210	10,970	10,850
(기존 증감)		-30	-250	-300	-240	-120
전체 정기 후원금	11,790	11,910	11,940	11,920	12,030	12,200
(전체 증감)	-	+120	+30	-20	+110	+170

*전체 정기 후원금 = 신규 정기 후원금 + 기존 정기 후원금
*전년도 12월 전체 정기 후원금은 1월 기존 정기 후원금이 된다.

전년도 12월은 11,790천 원의 월 정기 후원금으로 마감했다고 하자. 그럼 당해 연도 1월 1일은 신규 정기 후원금은 0원, 기존 정기 후원금은 11,790천 원의 월 정기 후원금으로 시작한다고 볼 수 있다. 그리고 1월 31일에는 1월 중 가입한 신규 기부자의 유입으로 신규 정기 후원금은 150천 원이 납부되었고, 기존 기부자는 후원 중단과 미납 등으로 감소하여 11,760천 원이 납부되었다.[5] 즉, 1월 신규 정기 후원금은 0원에서 150천 원으로 증가하고, 1월 기존 정기 후원금은 11,790천 원에

---

5 신규 기부자 가운데 후원 중단자와 미납자도 나오겠지만 실제로 후원하는 신규 기부자의 유입량이 훨씬 많아 신규 정기후원금은 계속 증가한다고 볼 수 있다.

서 11,760천 원으로 감소한 것이다. 결과적으로, 1월 전체 정기 후원금은 신규 정기 후원금과 기존 정기 후원금의 합계로 총 11,910천 원으로 마감되었다. 그럼 2월은 어떻게 될까? 2월은 1월 신규 기부자가 후원한 신규 정기 후원금과 새로 개발된 2월 신규 기부자의 신규 정기 후원금이 합쳐진다. 기존 정기 후원금은 2월에도 후원 중단자와 미납자가 계속 나오므로 감소할 것이다. 이처럼 신규 기부자는 누적으로 계속 증가하며, 기존 기부자는 꾸준히 감소하는 것을 볼 수 있다.

　　관리 프로그램에서 기존 정기 후원금과 신규 정기 후원금을 확인하는 방법은 그리 어렵지 않다. 정기 기부자의 후원 가입일 기준을 당해 연도로 한정해서 검색한 한 후 이들의 총 월 정기 후원금을 확인하면 신규 정기 후원금을 알 수 있으며, 당해 연도를 제외한 모든 정기 기부자의 총 월 정기 후원금은 기존 정기 후원금이 된다. 앞에서 설명했던 MRM의 자료분석(SDA)에서는 가입일 기준으로 정기 후원금 현황을 파악할 수 있어서 신규 정기 후원금과 기존 정기 후원금을 확인하기가 쉬운 편이다. 단체에서 현재 사용 중인 프로그램에서도 가입일 기준으로 정기 후원금을 구분해서 검색해 본다면 신규 정기 후원금과 기존 정기 후원금을 알 수 있을 것이다.

　　이와 같은 정기 후원금 증감을 엑셀 그래프로 보기 위해서는 한가지 인위적인 설정(조작)이 필요하다. 앞의 표 1월 기준으로 기존 정기 후원금이 11,760천 원, 신규 정기 후원금은

150천 원으로 수치상의 차이가 크다. 이것을 그대로 그래프로 그렸을 경우 세로 축이 필요 이상으로 길어지고 한눈에 비교할 수 없는 모양이 된다. 그래서 당해 연도 정기 후원금의 시작점이 되는 전년도 12월 정기후원금 11,790천 원을 기준으로, 당해연도 신규 정기 후원금과 기존 정기 후원금이 동시에 출발한다고 가정해야 한다. 11,790천 원에서 기존 정기 후원금은 감소하기 시작하고, 신규 정기 후원금은 '11,790천 원+해당 월 신규 정기 후원금'이 되도록 설정해야 아래와 같은 그래프로 비교하며 볼수 있다. 11,790천 원을 원점으로 시작하여 기존 정기 후원금(기존회비)은 매월 감소하여 전체 정기 후원금(전체회비)을 끌어 내리고(-)있지만, 신규 정기 후원금(신규회비)은 매월 증가하여 전체 정기 후원금을 끌어 올리는 것(+)이다.

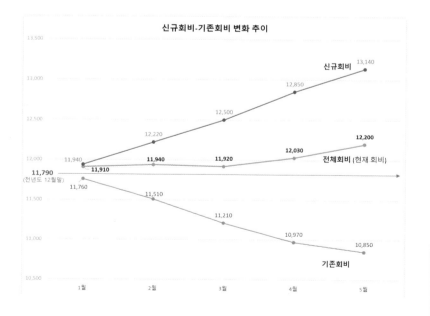

그래프에서 나타난 것처럼 신규 정기 후원금은 꾸준하게 상승, 기존 정기 후원금은 꾸준히 감소하여 전체 정기 후원금은 전반적으로 완만한 상승을 보인다. 좀 더 자세히 살펴보면, 3월 전체 정기 후원금(11,920)은 2월과는 조금 다른 추이를 보이는데, 3월 신규 정기 후원금(12,500)이 2월과 비슷하게 전월 대비 증가(+280)했음에도 3월 기존 정기 후원금(11,210)은 전월 대비 감소(-300)가 커지면서 전월 대비 소폭 감소(-20)하는 것을 볼 수 있다. 반면에 4월 전체 정기 후원금(12,030)은 신규 정기 후원금(12,850)이 전월 대비 대폭 증가(+350)하고 기존 정기 후원금(10,970)은 소폭 감소(-240)하여 3월 대비 증가(+110)하였다.

만약에 출금 신청 액수는 감소했지만 납부율이 상승했다면 정기 후원금 증감은 어떻게 될까? 이때 만약 납부율이 크게 상승하면 정기 후원금은 증가할 수도 있다. 출금 신청 액수가 감소한 것은 당월에 후원 중단자가 증가했다는 뜻이지만, 납부율이 전월보다 일시적으로 상승하면 기존 정기 후원금의 감소는 크지 않게 되고, 여기에 신규 정기 후원금이 증가하면서 받쳐주면 전체 정기 후원금은 상승할 수 있게 된다. 실제로 이런 일이 가끔 생기기도 한다. 출금 신청 액수가 작아져도 후원금 납부가 많아지면 후원금도 많아지고 반대로 출금 신청 액수가 증가해도 실제로 후원금 납부가 감소하면 후원금도 감소한다. 출금 신청 액수보다는 실질적인 납부금액이 어떠한 지가 중요하다. 납부율은 일시로 상승할 수도 감소할 수도 있다. 따라서 정기 후원금 증감 현황을 분석할 때 납부율이 영향을 줄 수 있음을 알아야 한다. 납부율이 전월보다 증가했는지 아니면 감소했는지 확인하는 것은 정기 후원금 증감 현황을 정확하게 파악할 수 있게 해준다.

　　매년 정기 후원금 규모가 꾸준하게 성장하려면 어떻게 해야 할까? 당연한 대답이겠지만 신규 정기 후원금의 규모가 매년 성장해야 한다. 기존 정기 후원금의 감소를 완벽하게 막는 것은 현실적으로 불가능하다. 기부자 서비스는 기존 정기 후원금의 감소를 어느 정도 줄이는 역할을 할 수 있지만, 근본적으로 후원 중단자 발생 자체를 막을 수는 없다. 만약 신규 정기 후원금의 증가 규모가 기존 정기 후원금의 감소 규모보다 작다면 당장은 아니지만 언젠가 정기 후원금은 바닥날 것이다. 즉 단체에 새로 들어오는 기부자 수보다 단체에서 빠져나가 기부자 수가 많다면 정기 후원금은 마이너스 성장인 것이다. 물론 이런 일은 쉽게 일어나지 않는다. 또한, 전체 정기 후원금 규모가 커질수록 기존 정기 후원금의 감소 규모도 커지므로 신규 정기 후원금 규모는 항상 기존 정기 후원금 감소보다 더 커져야 한다. 이를 위해서는 매년 신규 개발 모금 규모가 전년도 보다 커져야 하는데 소규모 비영리단체들로서는 쉽지 않은 일이다. 개인적으로는, 전통적인 신규 개발 모금 방식을 지속하면서도 새로운 모금 방식과 수익 사업을 개발해 나가는 것과 동시에 기부자와의 신뢰관계를 바탕으로 한 기부자 모금이 뒷받침되어야 할 것으로 보인다.

한 해 동안 매월 정기 후원금 현황을 꾸준히 정리해 놓으면, 앞의 표와 같이 연간 정기 후원금 현황을 알 수 있게 되고 연간 신규 정기 후원금 증가율과 연간 기존 정기 후원금 감소율을 산출 할 수 있다. 이를 근거로 다음 연도 전체 정기 후원금 예측도 가능하다.

정기 후원금 예측

정기 후원금 예측은 데이터 분석의 가장 최종적인 종착지가 아닐까 한다. 당해 연도의 정기 후원금 추이와 차기년도 신규 개발 목표를 토대로 연간 정기 후원금을 어느 정도 예측할 수 있다면, 데이터 분석으로 할 수 있는 가장 큰 일은 했다고 해도 과언은 아닐 것이다. 실제로 정기 후원금 예측은 그리 만만치 않은 일이다. 당해 연도의 정기 후원금 추이가 다음 연도 정기 후원금 추이와 비슷하게 나타나지 않을뿐더러 신규 개발 목표가 그대로 달성되지도 않는다. 그런데도 정기 후원금 예측이 필요한 이유는 정기 후원금 자체가 단체 운영과 사업에서 매우 중추적인 역할을 하기 때문이다. 정기 후원금 규모가 작다면 복잡한 과정을 거쳐 예측하는 일이 불필요할 수도 있겠지만, 대부분의 단체는 좀 더 합리적이고 객관적인 근거를 가지고 정기 후원금을 예측하고자 할 것이다.

한번은 외부의 컨설팅을 받아 정기 후원금 예측 엑셀 툴

(tool)을 구축한 적이 있다. 최근 5년 간의 신규 개발 데이터와 정기 후원금 데이터를 분석하여 다음 연도 정기 후원금을 예측하는 방식으로 만들어졌다. 엑셀을 활용하여 월별 정기 후원금 예측치를 만들었고 한 해 동안 얼마나 적중하는지 지켜보았다. 결과는 어떠했을까? 월별 예측치와 비교하였을 때 실제 정기 후원금이 유사하게 나온 달이 있기도 했지만, 대부분의 실제 정기 후원금은 예측치보다 낮게 나왔다. 예측과 차이가 났던 요인은 지난 5년간의 신규 개발 추이가 당해 연도와는 많이 달랐기 때문이다. 정기 후원금뿐만 아니라 일반적으로 예측은 과거의 분석 기간이 길어질수록 정확하게 나오는 법이다. 1년보다는 5년, 5년보다는 10년의 분석을 기반으로 했을 때 예측은 조금 더 정확히 맞아들어간다. 그러나 예외적인 특수한 요인들이 이 기간 안에 들어가면 예측은 벗어날 수도 있다. 그래서 내린 결론은 지난 5년간의 모금 상황이 현재와는 많이 달라졌다는 것이다. 성과가 좋은 모금 방법도 내년에는 어떻게 될지 알수 없고, 성장률이란 규모가 커질수록 상대적으로 작아지게 마련이다.

정기 후원금 예측에 대하여 설명하기 전에 정기 후원금 예측의 기본적인 틀에 대하여 먼저 살펴보도록 하자. 우리가 지금까지 기부자 관리에 관하여 살펴보는 동안 반복해서 이야기한 개념들이 몇 가지 있었는데 그중 하나가 바로 후원 납부율과 후원 유지율이다. 기부자들이 얼마만큼 납부를 하고 얼마만큼 후원을 유지하는지에 대하여 아는 것은 기부자 관리에서 매우 중요한 개념이다. 그것은 정기 후원금 예측에서도 마찬가지

이다. 이를 통해서 보다 객관적이고 합리적인 정기 후원금 예측이 가능하다. 기존 정기 후원금은 매년 1월부터 납부율과 유지율에 따라 점진적으로 감소하고, 신규 정기 후원금은 매년 1월부터 납부율과 유지율에 따라 점진적으로 증가한다. 정기 후원금은 기부자의 납부율과 유지율을 근거로 예측할 수 있다.

한편으로는 신규와 기존 정기 후원금의 구분 없이 전체 후원금 추이를 근거로 정기 후원금을 예측해 볼 수도 있다. 기부자들의 납부율이나 유지율과 상관없이 정기 후원금의 증감 내용만 보면서 다음 연도의 정기 후원금 추이를 예측해보는 것이다. 기존 정기 후원금의 경우 지난 몇 년 간 정기 후원금의 대략적인 추이를 확인할 수 있어서 충분히 예측이 가능하다. 반면에 신규 정기 후원금의 경우는 개발 인력, 예산 투여에 따라 개발 목표가 달라질 수 있는데, 기본적으로 개발 목표를 근거로 납부율과 유지율을 적용해야 한다.

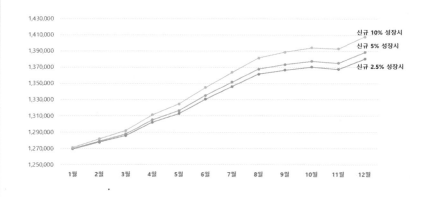

앞의 그래프는 당해 연도 전체 정기 후원금 추이만을 가지고 다음 연도의 정기 후원금을 예측한 사례이다. 다음 연도 기존 정기 후원금이 당해 연도와 같은 증감을 보인다고 가정한 후, 당해 연도 대비 신규 정기 후원금의 성장률(2.5%, 5%, 10%)에 따른 정기 후원금 증가 추이를 산출해 보았다. 뒤에서 설명할 정기 후원금 예측보다는 간단하지만 당해 연도 정기 후원금에 대한 분석을 통해 후원금의 성장률을 산출했다면 의미 있는 자료로 충분히 활용할 수 있다.

이렇듯, 정기 후원금 예측의 방법은 다양하다. 엑셀을 통해 복잡한 수식을 거쳐 산출할 수도 있고, 전년도 정기 후원금 추이를 그대로 내년 정기 후원금 예측에 적용해도 된다. 단체의 특성과 상황에 가장 적절한 방법으로 사용하면 된다.

1) 기존 정기 후원금 예측

예측 방법1과 방법2로 나누어 소개할 것인데, 방법1에서는 각각의 모금 부서를 통해 개발된 정기 후원금의 예측 과정을 살펴보고, 방법2에서는 전체 정기 후원금 자체를 예측하는 과정을 설명하도록 하겠다. 방법1과 방법2는 풀어가는 방법상의 차이이지 결과가 크게 달라지지는 않으므로 필요에 따라 응용하여 사용하면 된다.

* 기존 정기 후원금 예측 방법1

다음 연도 기존 정기 후원금을 예측하기 위해서는 아래와 같은 정기 후원금 데이터가 필요하다. 연간 정기 후원금 감소량을 알기 위해서 당해 연도 1월 기존 정기 후원금과 12월 기존 정기 후원금을 알아야 하고, 다음 연도 1월의 정기 후원금을 파악하기 위해서 12월 전체 정기 후원금을 파악해야 한다. 즉 당해 연도 기존 정기 후원금의 시작점과 끝점, 그리고 전체 정기 후원금의 끝점을 확인하는 것이다. 당해 연도 12월 정기 후원금은 다음 연도 1월 1일 정기 후원금의 시작점이 된다. 여기서는 각각의 모금 부서에서 개발한 정기 후원금의 감소 정도를 확인하여 기존 정기 후원금을 예측해 보도록 하겠다. 단체 상황에 따라 모금 부서가 아닌 사업별로 구분해서 해도 되지만, 신규 정기 후원금 예측 기준이 모금 부서별 목표이므로 기존 정기 후원금 예측도 같은 기준인 모금 부서로 구분하는 것이 좋다.

아래의 표는 각각의 모금 부서별로 개발된 정기 기부자가 후원한 정기 후원금 액수이다.

(단위:천 원)

구분	당해 연도			
	1월	12월		
	기존 정기 후원금	기존 정기 후원금	신규 정기 후원금	전체 정기 후원금
A 모금 부서	50,000	47,250	12,750	60,000
B 모금 부서	40,000	35,000	15,000	50,000
C 모금 부서	60,000	50,000	20,000	70,000
합계	150,000	132,000	48,000	180,000

*12월 신규 정기 후원금: 당해 연도에 개발된 모든 신규 기부자의 12월 정기 후원금으로, 12월에 개발된 기부자만의 정기 후원금을 의미하지 않는다.
*12월 전체 정기 후원금 = 12월 기존 정기 후원금 + 12월 신규 정기 후원금

우선 A모금 부서의 올 해(당해 연도) 월 정기 후원금이 얼마나 감소했는지 확인해 보았다. 올해 1월 A 모금 부서의 정기 후원금은 50,000천 원이었으나 12월 정기 후원금은 47,250천 원이 되어 2,750천 원 감소하였다. 이것을 비율로 따져보자면 다음과 같이 계산해 볼 수 있다.

올 해 12월 정기 후원금 /올 해 1월 정기 후원금×100

$$47,250/50,000×100=94.5\%$$

12월 정기 후원금은 1월 정기 후원금 대비 94.5%가 유지되었다. A모금 부서의 정기 후원금액으로 본 후원 유지율은 94.5%, 반대로 후원 감소율 5.5%로 볼 수 있다. 이것을 11로 나눠 월별 후원 감소율을 0.5%로 산정할 수 있다. 월별 후원 감소율을 구하기 위해서 12가 아닌 11로 나누는 것은 1월에서 2월, 2월에서 3월, 이렇게 월이 바뀔 때를 기준으로 감소율을 총 11번 적용할 것이기 때문이다. 같은 방법으로 B와 C 부서의 월별 후원 감소율을 계산해 보았더니 각각 1.1%와 1.5%가 나왔다.

그럼 다음 연도 1월의 기존 정기 후원금은 어떻게 예측해야 할까? 앞에 표를 보면 우리는 12월 신규 정기 후원금 데이터를 추출해 두었다. 이것을 통해 12월 31일 기준의 전체 정기 후원금을 알 수 있는데 이것(당해 연도 12월 전체 정기 후원금)이

다음 연도 1월 기존 정기 후원금의 시작점(1월 1일)이 된다.

(단위:천 원)

구분	당해 연도	다음 연도 정기 후원금 예측				월평균 정기 후원금 감소율
	12월	1월	2월	3월	4월	
A 모금 부서	60,000	59,700	59,402	59,104	58,809	0.5%
B 모금 부서	50,000	49,450	48,906	48,368	47,836	1.1%
C 모금 부서	70,000	68,950	67,916	66,897	65,897	1.5%
합계	180,000	178,044	176,112	174,204	172,320	

여기서 주의해야 할 점은 다음 연도 1월 기존 정기 후원금 예측 금액은 전달인 올해(당해 연도) 12월의 신규 정기 후원금을 포함하여 전체 금액을 시작점으로 계산하지만 2월 정기 후원금 예측 금액은 1월 신규 정기 후원금을 포함하지 않는다. 1월 신규 정기 후원금은 내년(다음 연도) 신규 정기 후원금에 포함된다. 다시말해 기존 정기 후원금은 연도로 구분하여 1월 1일부터 계속 감소만 한다고 보는 것이다.

* 기존 정기 후원금 예측 방법2

부서별 정기 후원금 감소율에 큰 차이가 없거나 데이터를 구분하여 추출하기가 어렵다면 전체 정기 후원금으로 묶어 산출해도 된다. 다음과 같은 정기 후원금 현황을 가정해서 살펴보자.

구분	당해 연도			
	1월	12월		
	기존 정기 후원금	기존 정기 후원금	신규 정기 후원금	전체 정기 후원금
정기 후원금	150,000	132,000	48,000	180,000

*12월 신규 정기 후원금: 당해 연도에 개발된 모든 신규 기부자의 12월 정기 후원금으로, 12월에 개발된 기부자만의 정기 후원금을 의미하지 않는다.
*12월 전체 정기 후원금 = 12월 기존 정기 후원금 + 12월 신규 정기 후원금

같은 방법으로 올 해(당해 연도) 전체 월 정기 후원금이 얼마나 감소했는지 확인해 보았다. 올해 1월 정기 후원금은 150,000천 원이었으나 12월 정기 후원금은 132,000천 원이 되어 18,000천 원 감소하였다. 이것을 비율로 따져보자면 다음과 같이 계산해 볼 수 있다.

올 해 12월 정기 후원금 /올 해 1월 정기 후원금×100

132,000/150,000×100=88%

전체 정기 후원금은 후원 유지율 88%인 반면 후원 감소율 12%이다. 이것을 11로 나눈 월별 후원 감소율을 1.1%를 적용한 다음 연도 기존 정기 후원금 예측은 다음 표와 같다.

| 구분 | 당해연도 | 다음 연도 기존 정기 후원금 예측 | | | | 월평균 |
	12월	1월	2월	3월	4월	감소율
전체 정기 후원금	180,000	178,020	176,062	174,125	172,210	1.1%

　　기존 정기 후원금 예측의 원리는 간단하다. 당해 연도 12월 전체 정기 후원금, 즉 12월 31일의 정기 후원금이 다음 연도 1월 1일의 기존 정기 후원금이 되고, 이 시점부터 매월 점진적으로 감소한다고 보면 된다. 그리고 당해 연도의 감소비율을 다음 연도에 적용하는 것이다. 이상의 산출 과정들은 기존 정기 후원금의 특성을 바탕으로 수식을 만들어 적용해본 것이다.

2) 신규 정기 후원금 예측

　　기존 정기 후원금 예측은 감소율이 대체로 일정한 편이라서 예측에서 크게 벗어나거나 예외적인 상황이 발생하는 일이 거의 없다. 반면에 신규 정기 후원금 예측은 상대적으로 조금은 까다로운 부분이 있다. 우선 다음 연도 목표 달성이 어느 정도 될지 아무도 알 수 없다. 다행히 목표를 초과하여 달성하면 특별히 신경쓸 일이 없겠지만 이런 일은 쉽게 일어나지 않는다. 매월 신규 정기 후원금 추이는 변화가 많은 데다가 신규 기부자의 중단율이나 미납률은 예측을 더 어렵게 하기도 한다. 그러나 신규 정기 후원금의 예측이 있어야만 정기 후원금 예측을 완성할 수 있으며 다음 연도의 단체 수입을 보다 정확하게 예측할 수 있다. 또한, 불확실성이 많다고 해서 막연하게 정기 후원금 관리를 할 수는 없으며, 오히려 보다 정확한 예측을 위해 노력해야 할 것이다.

* 신규 정기 후원금 예측1

신규 정기 후원금을 예측하기 위해서 가장 먼저 파악해야 할 수치는 다음 연도 모금 목표이다. 목표를 기반으로 하여 납부율과 유지율을 적용하면 정기 후원금을 예측할 수 있다. 아래와 같은 모금 부서별 모금 목표를 가정하여 신규 정기 후원금을 예측해 보도록 하자.

(단위:천 원)

구분	1월 목표	2월 목표	3월 목표	분기 소계	연간목표
A 모금 부서	1,000,000	1,000,000	1,000,000	3,000,000	12,000,000
B 모금 부서	700,000	700,000	700,000	2,100,000	8,400,000
C 모금 부서	1,500,000	1,500,000	1,500,000	4,500,000	18,000,000
합계	3,200,000	3,200,000	3,200,000	9,600,000	38,400,000

위의 표는 모금 부서별 월 정기 후원금 목표이다. 월별 모금 목표를 모두 달성했다는 가정하에 납부율과 유지율을 곱하면 월별 신규 정기 후원금 예측치가 나올 수 있다. 여기서 납부율은 당해 연도 신규 기부자의 납부율을 평균값으로 계산한 월 평균 납부율이다. 즉 매월 나오는 납부율을 월 평균으로 계산하면 된다. 그리고 유지율은 당해 연도 신규 기부자 수(또는 약정금액)에서 중단한 기부자 수(또는 약정금액)를 빼면 된다. 앞서 후원금 관리에서 설명했듯이, 되도록 사람 수 보다는 약정금액

으로 산정하는 것이 더 정확하다. 납부율과 유지율을 설명했던 부분을 참조하길 바란다.

한편, 예측을 좀 더 정확히 하기 위해 정기 후원 첫 달 납부율을 별도로 구분해 보고자 한다. 단체마다 다를 수는 있으나, 신규 기부자가 가입하면 모든 가입자의 후원금 납부가 즉시 일어나지는 않는다. 가입 당시 출금일이 잘 맞아서 후원 당월부터 바로 후원이 되기도 하지만, 기부자가 원하는 출금일이 지나버려서 다음 달부터 후원이 되는 경우도 많다. 예를 들어 매월 5일, 15일, 25일이 출금일이라고 해보자. 한 기부자가 25일에 후원 가입을 하면 당월에는 출금이 되지 않는다. 반면에 다른 기부자는 5일에 가입하고 출금일이 25일이라고 하면 충분히 당월에 출금이 가능해진다. 이렇듯, 모금 부서에서 모금 목표액을 모두 달성한다고 해도 후원 가입 첫 달에 납부되는 정기 후원금은 실제로는 절반이 되지 않을 때가 많다. 따라서 후원 첫 달 납부율은 다른 달보다 납부율이 매우 낮으므로 별도로 다루고자 하는 것이다. 신규 개발에 대한 행정 처리의 편의와 기부자의 혼란을 방지하기 위해 후원 가입 월에는 출금 신청을 하지 않고 가입 다음 달부터 정기 후원금 출금 신청하는 단체들도 있는데 그런 단체의 경우라면 첫 달 납부율을 별도로 산출할 필요는 없다. 후원 첫 달 납부율의 확인 방법은 기부자 관리 프로그램에서 당월에 가입하고 당월에 후원금이 납부된 비율(금액)을 평균으로 산출하면 된다.

기본적인 원리는 "월 목표 x 월 평균 납부율 x 월 평균 유지율"이다. 월 목표 후원 약정금액(모금 목표)에서 얼마(납부율)만큼 어느 기간(유지율) 후원하는가이다. 여기서 납부율을 첫 달 납부율과 월평균 납부율로 세분화한 것이다. 납부율을 세분화하지 않고 단순하게 정리하고 싶다면, 첫 달 납부율을 구분하지 않고 납부율을 그냥 평균을 내어서 전체적인 월평균 납부율로 단순화해도 된다.

아래의 표는 납부율과 유지율을 임의로 만들어 다음 연도의 월별 신규 정기 후원금을 예측한 것이다.

(단위:천 원)

구분	1월 신규 후원금	2월 신규 후원금	3월 신규 후원금	합계	첫 달 납부율	월평균 납부율	월평균 유지율
A 모금 부서	380,000	1,235,000	2,090,000	3,705,000	40.0%	90.0%	95.0%
B 모금 부서	220,500	756,000	1,291,500	2,268,000	35.0%	85.0%	90.0%
C 모금 부서	382,500	1,402,500	2,422,500	4,207,500	30.0%	80.0%	85.0%
합계	983,000	3,393,500	5,804,000	10,180,500	-	-	-

위와 같은 결과가 어떻게 나오는지 A 모금 부서의 신규 정기 후원금 산출 과정을 통해 살펴보자.

(단위:천 원)

1월 목표×첫 달 납부율		월 평균유지율		1월 신규 정기 후원금
1,000,000×40%	×	95%	=	380,000

1월은 새로운 한 해가 시작되어 당월에 개발된 기부자들

만 있으므로 첫 달 납부율과 월평균 유지율만 적용하였다.

2월은 1월 신규 기부자의 정기 후원금과 2월 가입 신규 기부자의 정기 후원금을 합쳐야 하며, 1월 신규 기부자는 월 평균 납부율을 곱하고 2월 신규 기부자는 첫 달 납부율을 곱하였다.

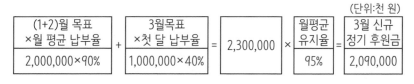

3월은 1월과 2월 신규 기부자의 정기 후원금과 3월 가입 신규 기부자의 정기 후원금을 합쳐야 하며, 1월과 2월 신규 기부자는 월 평균 납부율을 곱하고 3월 신규 기부자는 첫 달 납부율을 곱하였다.

n월의 신규 정기 후원금 산출 방법을 수식으로 정리해보면 다음과 같다.

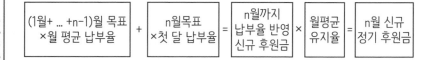

* 신규 정기 후원금 예측2

      이번에는 월 단위로 목표를 반영하지 않고 연간 평균을 내어 신규 정기 후원금을 예측해 보겠다. 모금 목표, 납부율과 유지율은 아래와 같다.

(단위:천 원)

구분	1월 목표	2월 목표	3월 목표	연간 목표	첫 달 납부율	월평균 납부율	월평균 유지율
신규 정기 후원금	3,200,000	3,200,000	3,200,000	38,400,000	37.0%	84.0%	87.0%

*연간모금 목표: 매월 3,200,000천 원

      산출하는 과정은 월평균 납부율과 유지율을 산출하는 과정과 비슷하다. 먼저 다음 연도 연간 모금 목표의 총계를 구한 후 평균 납부율과 평균 유지율을 곱한다. 그리고 12개월 나누면 월평균 정기 후원금이 나오는데 아직 남아 있는 과정이 있다. 첫 달 납부금이 들어가야 하는데 12개월 모두 월평균 납부율로 적용되었기 때문에 첫 달 후원금을 적용하기 위해 다음과 같은 과정으로 처리하였다. 이 과정을 정리하면 다음과 같다.

(단위:천 원)

연간 약정 신규 정기 후원금 목표	(1~12 월 연간 모금 목표 합계) = 3,200,000 x 12 개월	38,400,000	Ⓐ
연간 신규 정기 후원금 산출	Ⓐ x 평균 납부율 x 평균 유지율 = 38,400,000 x 84.0% x 87.0%	28,062,720	Ⓑ
월평균 신규 정기 후원금 산출	Ⓑ / 12 개월	2,338,560	Ⓒ
월평균 첫 달 정기 후원금 산출	Ⓒ x (1 - 첫 달 납부율) /12 개월 = 2,338,560 천 원 x (1 - 37.0%) / 12 월	122,774	Ⓓ
월평균 신규 정기 후원금 최종 산출	Ⓒ-Ⓓ = 2,338,560 천 원 - 122,774 천 원	2,215,786	

월평균 신규 정기 후원금 최종 산출 시 월평균 신규 정기 후원금ⓒ에서 월평균 첫 달 정기 후원금ⓓ를 적용해준다. 12개월 모두 월평균 납부율을 적용하였기 때문에 첫 달 납부율을 적용시켜 주어야 하는데 첫 달 납부율은 다른 달 납부율보다 훨씬 낮기 때문이다. 기부자가 후원 가입한 다음 달부터 후원을 시작하는 단체에서는 적용하지 않는다. 위와 같은 방법으로 월별 정기 후원금을 계산해 월별 누적 금액을 산출해 볼 수 있다.

(단위:천 원)

1월 정기 후원금	2월 누계 정기 후원금	3월 누계 정기 후원금	...	연간 정기 후원금
2,215,786	4,431,571	6,647,357	...	13,294,714

*1월 정기 후원금 = 2,215,786천 원(월평균 정기 후원금)
*2월 정기 후원금 = 2,215,786천 원 x 2
*3월 정기 후원금 = 2,215,786천 원 x 3

예측 방법2는 예측 방법1보다는 정확성이 조금 떨어질 수 있다. 월 목표가 매월 예측에 반영 되는 것이 아니라 12개월 평균으로 적용되기 때문이다. 그러나 매월 예측치는 조금 다를 수 있으나 연간 예측치는 거의 같다고 볼 수 있다. 정기 후원금 예측을 조금은 단순하게 산출하고 싶다면 예측 방법2도 좋을 것이다.

정기 후원금 예측의 산출 과정은 일정 부분 한계를 가지고 있다. 예를 들어 1월에 가입한 기부자는 12월까지 매월 조금씩 감소할 것이고, 12월에 가입한 기부자는 실질적인 후원은 다음 연도 1월부터 이루어진다. 월평균 납부율과 유지율을 매월 모두 같게 적용하는 것은 현실에 맞지 않는다. 조금 더 정확하게 하자면 1월 신규 기부자는 1월부터 조금씩 매월 감소하는 것으로 수식을 만들고, 2월 신규 기부자는 2월부터 조금씩 매월 감소하는 것으로 만들고, 이 과정을 12월까지 적용하는 것이 맞다. 그러나 예측에 지나치게 많은 에너지를 들일 필요는 없어 보인다. 모금 목표 달성은 매월 다를 것이 분명하고 출금률과 납부율도 매월 예측한 대로 나오지 않기 때문이다. 중요한 점은 정기 후원금 예측을 통해 대략적인 사업 규모의 추이를 파악하고 그에 적절한 단체 운영과 사업이 이루어질 수 있도록 대처하는게 아닐까 한다. 그리고 예외적인 상황이 발생하였을 때 어떤 요인이 정기 후원금에 영향을 주었는지, 정확한 예측에 필요한 조건은 무엇인지 데이터와 경험을 축적해 가다보면 어느 순간 원하는 지점에 도달되었음을 알게 될 것이다.

기부자 모금에 도움이 될 만한
교육이나 책이 있다면 알려주세요.

신규 개발 교육이나 모금 관련 책은 어느 정도 찾아볼 수 있는 편이지만, 기부자 모금을 주제로 한 교육이나 책은 거의 본 적이 없다. 아무래도 비영리단체들이 기부자 수 또는 관련 모금 활동에 대해서는 외부에 노출하지 않는 이유가 가장 크다고 볼 수 있다. 그리고 기부자 모금보다는 신규 개발에 관심이 높고, 단체에서는 신규 개발이 가장 큰 이슈이므로 잘 드러나지 않는 듯하다. 한편으로는, 아마도 기부자 모금을 실행할만한 여력이 없거나, 기부자 데이터 자체의 부족 때문이지 않을까 싶기도 하다. 나는 매년 기부자 데이터 관리 교육을 하면서 기부자 모금을 한 부분으로 다루기도 한다. 모금 교육은 여러 협회와 강사가 진행하는 다양한 교육이 있으니 참고하길 바란다. 모금의 기초와 윤리부터 다양한 모금 사례를 단체의 담당자를 통해 직접 들을 수 있다. 모금 교육을 통해서 기부자 모금을 실행할 수 있는 지식을 습득할 수 있을 것이다.

추천할만한 내용으로 CRM(Customer Relationship Management, 고객 관계관리)에 관한 내용을 찾아보길 바란다. CRM은 '고객과 관련된 기업의 내외부 자료를 분석, 통합하여 고객 특성에 기초한 마케팅 활동을 계획하고, 지원하며, 평가하는 과정'으로 요약할 수 있다. CRM은 앞에서도 몇 번 언급했듯이, 기업의 대중 마케팅, 세분화 마케팅과는 구분되는 것으로, 데이터베이스 마케팅으로 본다. 그리고 고객 데이터의 세분화로 우수고객 증진, 고객가치 증진, 평생 고객화의 사이클을 기반으로 마케팅을 진행한다. 나의 경우는 온라인 모금 부서에서 모금 경험을 가졌고, 이후에 회원 관리 부서에서 정기 기부자 모금을 세팅하며 CRM을 혼자서 공부하였다. 현재는 마케팅 트렌드가 많이 변화하여 CRM 책이나 교육은 거의 보이지 않지만, 기부자 관리와 모금에서는 기초가 되는 동시에 중요한 틀을 제공하고 있기 때문에 어떤 내용이 있는지 한 번쯤은 살펴보는 것이 좋다.

하지만, 무엇보다 가장 큰 배움과 지식은 경험 자체라고 본다. 내가 처음 기부자 모금을 시도했던 당시만 해도 단체 내에서 모금을 진행하라는 지시가 있었던 것은 아니었다. 순전히 해보고 싶어서 실행했을 뿐이다. 이후에는 기부자 관리 사업으로 콜센터를 세팅하고 모금콜을 해보면서 기부자 모금의 거의 모든 내용을 경험해볼 수 있었다.

"그저 해야 할 것 같다는 마음이 드는 그때가 바로 최고의 기회다!"

모금가 행동원리

정직 – 사회적 신뢰를 쌓기 위해 노력해야하며, 모금과 관련된 잘못된 정보가 발생하지 않도록 하고 항상 믿을만하게 행동해야 한다.

존중 – 소속된 기관과 자신이 하는 일을 명확히 알고 자긍심을 갖는다. 나아가 기부자와 수혜자의 존엄성을 인정하고 배려와 존중에 입각하여 행동해야 한다.

신의 – 열린 태도와 책임 있는 행동으로 공적 신뢰를 쌓아야 한다. 이해관계에 얽힌 갈등이나 바람직하지 못한 행동으로 사회적 물의를 일으키지 않아야 한다.

공감 – 스스로 분명한 사명감과 목적의식을 가지고 모금에 임해야 한다. 또한, 모금가가 따라야 할 윤리적 기준을 마음에 품고 자신뿐만 아니라 기관 및 다른 모금가에게도 그 가치를 전달하여야 한다.

투명성 – 기부금의 모금, 운영, 그리고 사용 등에 대해 정확하고 이해하기 쉬운 방식으로 보고될 수 있도록 힘쓴다.

모금가 윤리원칙

- 나눔과 기부를 통한 자선의 실천이 사회에 긍정적인 영향을 준다고 확신한다.

- 확실한 사명과 목표를 정하고 헌신함으로 타인의 참여를 고취시킨다.

- 정직과 성실, 청렴한 자세로 업무에 임함으로써 사회적 신뢰를 쌓아야 한다.

- 소속된 기관과 모금가윤리강령, 그리고 양심에 따라 행동한다.

- 모금가가 추구할 자세에 대해 협회의 표준을 따른다.

- 문화적 다양성과 다원적 가치를 인정하고 사람을 존중하고 예의로 대한다.

- 개인의 이익보다 타인과 공적 이익을 우선하여 이타적 의사결정을 한다.

- 전문적 지식 습득과 자기 계발을 통해 더 나은 서비스를 제공한다.

- 모든 법률과 규정을 충실히 이행하며, 전문가적 자질에 어긋나는 행동은 삼간다.

- 정기적인 공익 활동과 사회봉사를 통해 사회 활동 실적을 쌓는다.

- 모금가 윤리원칙과 표준을 이행하도록 회원 간에 서로 격려한다.

- 다른 비영리단체와 비회원에게도 모금윤리원칙을 권장하며 알린다.

본인은 모금가로서의 윤리서약과 윤리원칙에 대해 잘 이해하고 이를 엄정히 준수할 것을 서약 합니다.

출처: 한국모금가협회 모금가 윤리서약

맺음말

지금, 기부자 모금합니다!

기부자 모금은 기부자와의 관계에 기반한 모금이며, 기부자 관리보다 우선시 되어서는 안 된다. 황금알을 낳는 거위를 압박하거나 죽인다고 해서 황금알이 더 많이 나오지 않는 것과 같다. 오히려 이전보다 못한 상황을 맞게 된다. 그리고 기부자 모금은 '사업 모금이 아니라 기부자 경험'이라는 사실을 잊지 말자. 기부자의 후원이 긍정적인 경험이 되도록 해야 한다. 모든 후원 요청이 긍정적인 경험을 가져오진 않는다. 모금 목적이 분명하고 모금 결과에 대한 피드백이 적절히 이루어지면 기부자는 언제든지 다시 모금에 동참하게 될 것이다.

기부자 모금은 기부자 관리에서 시작되고 끝이 난다. 기부자 관리만 잘 이루어져도 기부자 모금은 자연스럽게 성공할 수 있다. 평상시 신뢰를 쌓아놓은 인간관계는 흔들리는 상황이 온다고 해서 쉽게 깨지지는 않는다. 그러나 신뢰관계가 약하다면 관계는 쉽게 깨지며 다시 회복하기 어려워진다. 한 해 동안 기부자 모금을 크게 성공시키는 데 집중하기보다는 멤버십을 유지하는 데 우선순위를 두고 매년 꾸준히 기부자의 긍정적인 후원 경험을 만들어가야 한다. 기부자 모금은 단체와 기부자와의 신뢰관계 안에서 좋은 결과를 얻을 수 있다.

기부자 모금의 성공조건은 실행 여부, 즉 실제로 담당자가 직접 해보는가에 달려있다. 모금이나 마케팅 전문가가 한다고 해서 매번 성공하는 것은 아니다. 당장 잘 될지는 모르겠지만 단기간의 성공으로 끝날 가능성이 크다. 또한, 기부자 관리 담당자가 기부자의 긍정적인 반응을 기대하며 시작해보는 것이 성공의 전제조건이 될 수 있다. 기부자에 대한 기대가 지나치게 커서도 안 되겠으나, 기대감 없는 모금은 실패할 수밖에 없다. 타깃이 서로 중복되지 않는 선에서 매년 꾸준히 진행하는 것이 중요하다. 한번 잘되지 않았다고 해서 물러설 필요는 없다.

사람과 사람이 가까워지는 과정에서도 여러 가지 해프닝을 거치는 것처럼, 기부자 모금도 이런저런 다양한 일들을 경험하며 발전하게 된다. 실패 경험치도 모금 경험치에 포함된다. 프로 스포츠 리그에서는 1위(우승팀)의 승률이 55~67% 정도라고 한다. 생각보다 그리 높지 않다. 스포츠 리그와 모금 환경은 서로 다르겠지만, 모금의 성공 기준을 지나치게 높게 설정할 필요는 없다는 뜻이다.

한 번이라도 더 시도해서 모금 경험을 계속 쌓도록 해야 한다. 모금 경험이 있는 것과 없는 것은 차이가 매우 크다. 모금 경험이 있는 사람은 부족한 부분이 무엇인지 알고 다음 모금에서 바로 보완할 수 있지만, 경험이 없는 사람은 실수부터 경험해야 한다. 반복해서 말하지만, 지금 바로, 모금을 기획해보고 실행하자! 그리고 이미 기부자 모금을 충분히 진행하고 있었다면, 책에서 제시한 방법들을 응용해서 좀 더 좋은 결과를 얻을 수 있길 바란다.

앞으로 만나는 모든 기부자에게 "행복한 기부자 경험"을 선물할 수 있기를~

우리는 기부자 모금합니다

Basic step. 기부자 데이터 관리

| 들어가면서

　　기부자 관리 업무는 다양하면서도 단조로워 보일 수도 있다. 하루 내내 기부자 관리 프로그램이나 엑셀 화면을 쳐다보며 소식지 발송 데이터를 정리하거나, 기념일 축하 문자를 보낼 기부자 데이터를 추출하고 있을 수 있다. 아니면, 당장 내일 있을 정기 후원금 출금을 위해서 출금 준비 작업을 하고 있을 수도 있다. 우리가 기부자 관리를 하면서 실제로 기부자와 직접 대면할 일은 많지 않다. 기부자 전화는 비대면이며 통화시간은 대체로 2~4분 내외일 경우가 많고, 종종 컴플레인이나 긴 상담으로 시간이 걸리기도 하지만 자주 있는 일은 아니다. 이렇듯 기부자 관리의 실제 업무는 대부분 기부자 데이터로 기부자를 관리한다고도 볼 수 있다.

　　겉에서 보기에는 소소하고 단조로워 보일지는 모르지만 사실 내용은 전혀 그렇지 않다. 사소한 실수가 생기거나 업무 시기를 놓치는 일이 발생하면 치명적인 문제를 일으킬 수 있는 일이 대부분이다. 소식지 발송 데이터를 잘못 추출하면 수백~수만 명의 우편물이 잘못 갈 수도 있고, 정기 후원금 출금 데이터를 제때에 추출하지 못하면 출금이 지체되어 기부자들의 항의가 빗발칠 수도 있다. 생일 축하 문자를 생일이 지나서 발송한다거나 후원 1주년 축하 문자를 2주년 기부자들에게 발송한다면 어떻게 될까? 이런 예들은 단순히 데이터 추출 과정과 추출 시기와 관련해서만 언급했을 뿐이다. 여기에 더해서 데이터의 입력, 수정, 삭제 과정, 그리고 데이터 분석과정이 추가되면 데이터 관리의 영역은 매우 광범위해지고 그만큼 긴장의 끈을 놓기 어렵다. 기부자 데이터 관리는 이렇게 넓은 영역에서 매 순간 세심하게 신경을 써야 하며 완벽하게 처리되지 않으면 안 된다. 작은 실수도 여실히 드러나는 일이 기부자 데이터 관리이다.

데이터 관리를 너무 어려운 일로 설명한 것은 아닌지 모르겠다. 데이터 관리가 얼마나 중요하고 어디에 우선순위를 두어야 하는지 강조하기 위한 것이니 지나치게 부담 가질 필요는 없다. 한 단계씩 천천히 준비해가면 된다. 여기서는 데이터 관리 프로그램 운영에 대해 알아보면서 데이터 관리의 개념에 대해 이해하고 실제 업무의 세부적인 과정을 알아보고자 한다.

1) 관리 프로그램의 외주운영과 자체운영

"기부자 수가 적은데 굳이 프로그램을 도입해서 사용해야 할까?"
"기부자 수가 많으니 단체에 맞는 프로그램을 만들어야 하지 않을까?"

내가 처음으로 접했던 관리 프로그램은 전문 프로그래머가 직접 구축한 것이었다. 거의 15년 전이니 오래전 일이긴 하다. 당시 신기했던 것은 원하는 데이터를 추출하기 위해서 도스 명령어와 비슷한 프로그래밍 명령어(SQL)를 직접 작성하는 일이었다. 이전에 웹 프로그래밍을 배운 적이 있어서 적응하는 데는 어렵지 않았지만, 한 번도 접해 본 적이 없을 것 같은 팀원들이 능숙하게 사용하는 모습을 보고 놀랄 수밖에 없었다. 당시에는 관리 프로그램이 예산 부족과 여러 상황으로 인해 직원들에게 편리한 환경을 제공하기는 어려웠다. 관리 프로그램은 사용자의 요구에 따라 클릭만 하면 실행되는 것은 당연한 일이지만 실제로는 완벽하게 구현하기란 쉽지 않고 직접 구축하는 데는 비용이 상당히 들어간다. 요즘에는 구매해서 사용할 수 있는 관리 프로그램이 있어서 이미 많은 단체가 사용하고 있다. 그럼 이러한 관리 프로그램의 외주운영과 자체운영은 어떤 차이점이 있을까?

구분	프로그램 외주운영	프로그램 자체운영
편의성	이미 만들어진 프로그램 환경에 맞춰서 업무를 진행하므로 사용자의 적응 필요	사용자의 요구와 업무환경에 맞추어 프로그램을 구축하므로 사용자의 편의성 제공
기부자 데이터	외주 업체 서버에서 관리	자체 서버에서 관리
구축 기간	없음	최소 6 개월 이상
구축비	없음	수천~수억 원대
운영 안정성	장기간의 운영 노하우로 비교적 안정적	초기 구축 당시 불안정할 수 있음
운영비	기부자 수에 따른 월 관리비 지출 비교적 저렴함	하드웨어/소프트웨어 운영비 지출, 프로그래머 채용 및 운영 등으로 고비용
기능 개선	기능 개선에 따른 추가 비용은 없으나 단체 맞춤형 기능 개선은 어려운 편	약 3~5 년이 지나면 기능 개선을 위한 개발비가 추가됨
추천 단체 *	월 정기 기부자 수 20만 명 이하의 중소 단체	월 정기 기부자 수 최소 20만 명 이상의 대형 단체

* 추천 단체의 기부자 수는 절대적인 수치는 아니며 단체와 업체 상황에 따라 다를 수 있다. 일정 규모 이상의 단체가 아닌 이상 자체 운영에 따른 비용을 감당하기 쉽지 않아 보인다.

표에서 보듯이 편의성과 기부자 데이터 항목을 제외하면 프로그램 자체 운영은 외주 운영에 비해 부담되는 요인들이 많다. 프로그램 자체 운영은 구축 및 운영 비용이 만만치 않게 소요된다. 그리고 실제로 프로그램을 자체 운영한다고 해서 처음부터 편의성이 완벽하게 제공되지는 않으며, 추후 업그레이드 과정을 거치면서 발전하게 된다. 두 가지 운영 방식을 간략히 요약하면, 자체 운영은 단체의 요구에 맞는 프로그램을 사용할 수 있으나 비용이 많이 들어가고, 외주운영은 단체의 요구가 반영되기 어려워 프로그램 환경에 맞춰서 사용할 수밖에 없으나 비용은 저렴한 편이다.

기부자 수가 적은 단체는 프로그램 도입도 비용부담으로 망설일 수 있다. 그러나 반드시 프로그램을 도입해서 사용하길 권한다. 직원 PC에서 엑셀로 기부자 데이터를 관리하게 되면 기부자의 소중한 개인정보가 유실될 수도 있고 해킹 등으로 유출되었을 땐 기부자가 피해를 입을 수도 있다. 실제로 렌섬웨어 감염으로 인해 PC 안의 모은 문서 파일이 열리지 않아 행정 업무가 마비된 경우를 본 적 있다. 이뿐만 아니라 기부자에게 어떤 서비스가 실행되고 관리되었는지 알기 쉽지 않다. 기부자 데이터는 단체의 생존과 직결된다. 데이터 손실로 인한 단체의 피해가 발생하는 일은 일어나서는 안 되겠지만 문제의 심각성은 기부자에게 피해가 갈 수 있다는 것이다. 저렴하게 도입할 수 있는 프로그램도 있으니 구체적인 관리내용과 비용을 잘 검토해보고 기부자 정보를 안전하게 관리하길 바란다. 사실 프로그램 도입에 기부자 수가 많고 적음이 중요한 것이 아니다. 기부자를 소중하게 생각한다면 소수의 기부자 데이터라도 안전하게 관리하는 것이 맞을 것이다.

2) 기부자 데이터 관리의 과정

기부자 데이터란 쉽게 말해 기부자와 관련된 모든 정보라고 볼 수 있다(이하 데이터 관리). 주소, 연락처, 이름 등 개별적인 정보에서부터 이러한 정보들의 합, 즉 후원금 총합이나 납부율까지 좀 더 광범위하게 볼 수도 있다. 정확한 기부자 정보가 많을수록 맞춤형 서비스가 가능하고 모금의 성과를 높일 수 있다. 수많은 정보는 기부자의 요구에 맞춰 수시로 입력되고 수정되면서 계속 변한다. 기부자의 변화에 즉각적인 대응을 잘하면 데이터 관리를 잘하는 것이다. 반면에 기부자의 변화에 맞게 정보들이 변경되지 않으면 데이터 관리를 제대로 하지 못한다고 볼 수 있다. 데이터가 아무리 많아도 기부자의 현재 상황을 반영하지 못하면 의미없는 데이터가 되고 서비스 뿐 아니라 모금까지 어려워진다.

정기 후원은 기부자 입장에서는 후원 신청서를 작성하면서 시작되고, 단체 측에서는 후원 신청서의 개인정보를 관리 프로그램에 입력하면서 시작된다. 기부자 정보가 데이터로 입력되지 않거나 입력 과정에서 오류가 발생하면 후원은 시작될 수 없다. 단체로서는 후원금 수입이 줄어드는 것이다. 온라인 후원 신청서는 기부자가 정보를 입력하면 즉시 입력 처리되지만, 오프라인에서 작성된 후원 신청서는 별도의 입력 작업이 필요하다. 데이터 관리의 범위는 기부자 정보를 변경하는 것에 한정되지 않으며, 기부자 정보의 최초 입력 과정에서 최종적으로는 삭제 과정까지 모두 포함된다.

데이터 관리는 다음과 같이 요약할 수 있다.

입력 과정	수정 과정	삭제 처리
기본 정보 입력	최신 정보 변경	정보 부분 삭제
추가 정보 입력	오류 정보 수정	모든 정보 삭제

입력 과정은 후원 신청서에 기초한 기본 정보와 이후 기부자 요청에 의한 추가 정보를 입력하는 것이며, 수정 과정은 최신 정보로 변경되거나 오류로 확인된 정보를 수정하는 작업이다. 그리고 삭제 처리는 기부자의 요청이나 단체의 필요에 따라 정보의 일부분을 삭제하는 것부터, 관리 기한이 지난 데이터를 일괄 삭제하는 과정까지 포함한다.

(1) 입력 과정

한번은 신규 기부자에게서 전화가 왔다. 본인은 후원 신청을 한 적이 없는데 자신의 통장에서 돈이 인출되었다는 것이다. 전화로 본인 확인 과정을 거친 후에 후원 신청서 스캔본을 메일로 보냈는데, 기부자는 개인정보는 본인이 맞으나 본인 글씨체가 아니라고 하는 것이다. 자초지종을 자세히 확인하고 보니 기부자의 동생이 작성한 후원 신청서였다. 후원 신청서 작성 과정에서는 다양한 일들이 발생하는데, 이같은 경우는 본인확인과정을 정확히 거치지 않아 발생한 일이다. 후원 신청서 접수 시 반드시 언제, 어디서, 어느 담당자가 했는지 명확히 기록해야 한다. 그렇지 않으면 기부자에게 이러한 상황을 충분히 설명할 수 없게 되고 단체에 대한 신뢰도는 떨어지게 된다.

그리고, 단체에서는 모금 부서를 포함하여 모든 직원이 사용할 수 있는 후원 신청서 표준양식을 정해 놓도록 해야 한다. 여기서 말하는 '표준양식'이란 단체 내에서 모두 똑같이 사용될 수 있어야 한다는 뜻이다. 기부자 관리 부서에서는 모금 부서나 홍보부서 등에서 후원 신청서를 만들 때 필수 항목들이 포함되어 있는지 확인해야 한다. '필수 항목이 빠진 후원 신청서' 또는 '필수 항목 자필 체크가 없는 후원 신청서'는 나중에 심각한 문제가 발생할 수 있다. 이러한 필수 항목은 후원 신청서 안에 잘 담겨야 한다. 예를 들어 후원 신청서에 들어가는 "금융정보 및 개인정보 제공 동의" 안내 문구와 체크 표시는 필수 항목이다. 후원 접수 시 정보제공에 대한 동의가 체크되어 있지 않으면 후원 신청서는 효력을 잃게 된다. 기부자가 결제 정보 제공동의란에 자필로 체크한 흔적이 없는데 후원금이 출금되었을 경우, 단체는 불법적으로 출금한 것이다.

표준양식이 없이 후원 신청서를 직원 개인 또는 부서별로 제각각 만들어서 사용하게 되면 필수 안내 문구 또는 체크 항목이 빠질 수 있다. 후원 신청서는 엄밀하게 말하면 후원 약정에 관한 계약서의 성격을 지닌다. TV 뉴스를 통해서 보게 되는 각종 분쟁 사건들을 보면, 계약서 내용이 정확하지 않거나 미흡한 부분이 있는 경우이다. 후원 신청서도 마찬가지다. 후원 신청서의 내용이 부실할 경우 이로 인한 불편함과 어려움은 단체와 기부자 모두에게 돌아간다. 이를 예방하기 위해서는 단체의 사업 내용과 후원금액, 기부자의 개인정보와 결제 정보에 대한 정확한 명시와 안내 문구, 정보제공 동의란 등이 상세하게 기술되어 있어야 한다. 필수 내용이 빠진 채 단체가 쉽게 후원 신청을 받고 기부자가 쉽게 후원을 시작하면 반드시 문제가 발생한다. 단체는 기부자에게 후원에 관한 기본적인 사항을 사전에 알려줄 의무가 있다.

기부자 관리 담당자는 후원 신청서 표준양식을 만들어 단체 내에서 공유하고, 모금 담당자가 제작하는 후원 신청서를 함께 검토하여 기부자의 후원 약정과정에서 오류가 없도록 해야 한다. 이로 인한 기부자의 불편함은 단체의 신뢰성에 심각한 문제를 일으킬 수 있다. 특히 SNS가 발전한 요즘 사회에서는 한 명의 기부자가 갖는 영향력은 적지않다. 작은 불편함이나 사소한 실수가 일파만파 큰 사건과 이슈를 불러올 수도 있으니 사전에 잘 준비하여 예방하는 것이 최선이다. 만약 후원 신청서 관리를 모금 담당자가 하는 경우라면, 기부자 관리 담당자가 후원 신청서의 변경사항을 파악하고 있어야 한다. 후원 신청서의 모든 세부정보는 관리 프로그램에 입력하게 되는데 변경사항에 필수적으로 파악해야 하는 기부자 정보가 누락될 경우 관리 프로그램에 중요한 정보를 입력하지 못하는 일이 생기기도 하며, 후원 신청을 하지 못하거나 기부자 서비스에 차질이 발생할 수도 있다.

이처럼 데이터의 입력 과정에서 가장 중요한 것은 데이터를 생성하는 후원 신청서이다. 입력되는 데이터가 잘못되면 이후의 모든 기부자 관리과정은 정상적으로 돌아가지 못한다. 후원 신청서는 정확해야 하며 작성되는 정보들도 정확해야 한다. 작성과정이 번거롭더라도 제대로 된 데이터를 접수하기 위해서는 모든 직원이 이에 대해 이해를 갖고 함께 협업해야 한다. 후원 신청서의 디자인은 필요에 따라 바뀔 수는 있지만, 필수 항목이 절대 빠져서는 안 된다.

데이터 입력 과정에서 가장 중요한 것은 데이터의 정확성이다. 후원 신청서를 입력하는 과정에서 입력 담당자의 실수나 주관적 판단으로 인해 정보가 정확히 입력되지 않을 가능성은 항상 존재하며, 실제로 상당수의 오류가 입력 과정에서 일어난다. 이를 예방하기 위해서는 관리 프로그램의 입력양식이 코드화가 되어 있어야 한다. 담당자가 서술식으로 입력하는 항목들은 최소화하고 버튼식(Check Box) 또는 선택식(Select Box)으로 입력될 수 있도록 하면 데이터 오류를 줄일 수 있다. 모든 관리 프로그램은 기부자 정보를 입력할 때 일정한 양식을 제공하는데, 입력양식은 사용자가 자유롭게 설정할 수 있다. 이때 이름이나 주소 같은 서술식 입력란은 제외하고, 후원사업이나 월 약정금액 등의 다른 모든 정보는 마우스로 클릭(Check Box)하 거나 선택(Select Box)해서 입력하도록 해야 한다. 담당자가 직 접 텍스트(text)로 정보를 입력하는 횟수가 많아질수록 그만큼 입력 오류로 인한 불편함은 단체와 기부자 모두가 겪게 된다.

후원 신청서는 기부의 시작이자 근거이고, 단체와 기부자 와의 관계를 설명해주며, 좀 더 나아가 단체의 정체성과 신뢰성 을 대외적으로 보여주는 것이기도 하다. 단순히 후원을 받기 위 한 계약서 역할만 하는 것이 아니다. 후원 신청서를 잘 준비하 고 관리하는 것은 바로 기부자를 존중하고 그들을 예우하는 것 이다. 필수 안내문과 체크 항목이 빠진 채 후원 신청서를 쉽고 빨리 작성하는 데만 신경쓴다면 당장 후원을 조금 더 받을 수 있을지는 몰라도 단체와 기부자 모두 기부의 목적과 가치를 잃 게 될 수 있다.

(2) 수정 과정

데이터 관리의 시간은 대부분 수정 과정에 들어간다. 기 부자의 주소지, 후원계좌, 후원금액, 우편물 수신방법 등의 변 경에서부터 후원 중단처리에 이르기까지 기부자가 후원하는 동 안 모든 요건처리는 수정 과정에 포함된다. 수정 과정은 데이터 의 업데이트 과정이라 할 수 있다. 업데이트는 기부자의 정보변 경에 따라 즉각적으로 이루어지는 것이 가장 바람직하다. 단체 에서는 기부자의 정보변경 여부를 확인하기 어려우므로 전화와 온라인을 통해 기부자가 언제든지 최신 정보를 전달할 수 있는 환경을 만들어 놓아야 한다.

그리고 기부자의 요청에 따라 기부자 데이터를 수정하는 경우 수정된 내용을 한 번 더 확인하는 것이 좋다. 예를 들어 기부자가 전화로 주소가 변경되었음을 알렸다면 변경된 주소를 기부자에게 맞는지 다시 물어보는 방법이다. 이러한 재확인 방법은 출금 정보변경에서도 필요하다. 수정된 데이터가 오류가 나는 일은 빈번히 일어난다. 기부자가 잘못 알았거나 담당 직원이 잘못 수정하는 등 이러한 일은 언제든지 일어날 수 있다. 기부자와의 통화 기회는 아무 때나 오지 않는다. 확인할 수 있을 때 정확히 확인하는 것이 좋다. 변경된 정보가 잘못된 정보로 확인되어 기부자에게 연락하면 통화가 안되는 경우도 허다하다.

데이터를 수정할 때는 변경근거가 있어야 한다. 대체로 데이터는 기부자의 요청으로 수정되는데 이때의 변경근거는 기부자의 요청사항이 된다. 이외에도 데이터를 수정하는 경우가 있는데 기부자 관리 정책변경이나 데이터 관리의 효율성을 높이기 위해 대량으로 데이터를 변경하는 경우이다. 이때는 언제 어떤 사유로 데이터를 변경했는지 프로그램에 기록을 남겨 놓아야 한다. 예를 들어 거의 사용하지 않는 후원중단사유 종류들 삭제하였다면 언제 누가 어떤 사유로 처리했는지 프로그램 뿐만 아니라 월보고서, 업무기록 등에 남겨야 한다. 일관성 있는 데이터 관리를 위해서 필요한 일이다. 담당 부서장이 바뀌거나 직원이 변경되었을 때 임의로 데이터 정책이 바뀌지 않도록 하기 위해서이며, 이전에 했던 불필요한 작업을 반복하는 일이 없도록 예방하는 기능도 있다.

기부자가 후원하는 동안의 데이터 변경사항은 모두 프로그램에 남겨져 있어야 한다. 데이터 이력 관리는 일종의 기부자 히스토리(history) 관리, 즉 기부자의 이력 관리라고 볼 수 있는데 이는 매우 중요하다. 히스토리 관리는 기부자와의 관계의 밀도를 측정할 수 있는 단서가 된다. 관리 이력에는 기부자가 어떤 서비스를 받았고 어떤 서비스로 변경하였는지, 기부자가 언제 전화했고 무슨 요건을 전달했는지, 그리고 직원이 어떻게 처리했는지 등을 기록해 놓는 것이다. 이러한 히스토리는 단체에 의미 있는 자산이 된다. 히스토리가 잘 남겨져 있다면, 담당자는 기부자와의 통화를 다음과 같이 할 수 있을 것이다.

"2002년부터 후원해 주셨네요. 오랜 기간 후원해 주셔서 감사합니다."
"현재 후원해 주시는 00사업이 기부자님의 후원으로 최근에는 더 확장되고 있습니다."
"지난번에 참여해 주셨던 00기부자 모임은 어떠셨나요?"
"변경된 주소로 소식지가 나가고 있는데 잘 받고 계신가요?"

이러한 응대는 기부자 히스토리를 통해서만 이루어질 수 있다. 한 명의 직원이 기부자의 모든 내용을 알 수 없다. 그러나 관리 이력에 잘 기록하면 모든 직원이 각각의 기부자들에게 개별적인 응대가 가능해진다. 이것이 바로 맞춤형 서비스(CRM)이다. 히스토리 관리는 기부자와의 연결을 지속시켜준다. 예를 들어 기부자가 단체를 방문을 했을 때 이전의 후원 기간과 후원 액수, 후원사업내용, 기부자 모임 참여 여부 등을 알고 있으면 편안한 분위기 속에서 기부자를 응대할 수 있다.

데이터 수정 작업이 원활히 잘 이루어지고 있다면, 기부자 관리가 잘 진행되고 있다고 볼 수 있다. 기부자 관리는 데이터를 기반으로 이루어진다. 데이터 없는 기부자 관리는 있을 수 없다. 데이터의 변경 이력은 기부자의 기부 경험 이력이며 이것은 기부자의 기부 히스토리가 된다. 우리가 기부자의 히스토리를 많이 알수록 기부자에게 맞춤형 서비스를 제공할 수 있고 이때 기부자의 기부 만족도는 향상되고, 기부자의 긍정적인 기부 경험은 후원을 지속하는 데 이바지하게 된다.

(3) 삭제 처리
기부자 데이터 삭제 처리는 기부자의 요청이든 단체의 필요이든 즉각적으로 처리하기는 다소 어려운 부분이 많다. 삭제 이후에는 아무런 내용이 남지 않기 때문이다. 그리고 한번 삭제된 데이터는 복구가 거의 불가능하므로 만약에 데이터를 삭제해야 하는 경우 사전에 정확한 삭제 근거와 삭제 범위를 설정해야 하며 충분한 논의를 거쳐 진행해야만 한다. 다음의 몇 가지 상황을 근거로 삭제 처리에 관하여 알아보도록 하겠다.

- 기부자가 데이터 삭제를 요청할 경우

기부자가 자신의 데이터를 삭제해달라고 요청하는 때이다. 기부자가 요청하면 즉시 삭제해도 될까? 기부자가 자신의 데이터를 삭제해달라고 요청했을 때 원칙적으로는 모두 삭제해야 한다. 개인정보와 후원 내역을 모두 삭제하는 일은 어렵지 않다. 프로그램에서 삭제 버튼만 누르면 끝이다. 그러나 문제는 삭제 이후에는 기부자에 관한 어떤 내용도 알 수 없다는 것이다. 만약 기부자에게서 데이터 삭제요청을 받는다면 단체에서 기본적으로 일정한 기간에 기부자 정보를 의무적으로 보관해야 함을 안내하자. 그럼에도 부득이하게 삭제할 수밖에 없다면, 기부자에게 데이터 삭제로 인해 향후 어떤 응대도 할 수 없음을 미리 설명해야 한다. 삭제 처리 이후에는 기부자가 자신의 정보가 삭제되었는지 묻는다면 확인할 수 있는 데이터가 없기 때문에 기부자가 어떤 문의를 하는지 알 수조차 없게 된다. 그리고 한 번이라도 후원한 이력이 있다면, 단체에서는 일정기간 보관할 의무가 있어서 엄밀하게 말해서 삭제가 쉽지 않다. 개인정보와 관련된 법령들은 수시로 개정되고 있기 때문에 담당자라면 관심을 가지고 수시로 체크해서 현행법에 맞게 기부자의 개인정보를 관리해야 한다. 타 단체 홈페이지에 있는 개인 정보보호 정책을 먼저 참고하는 방법도 추천한다.

– 담당자의 실수로 데이터가 삭제된 경우

엑셀로 데이터를 관리하는 경우는 언제든지 삭제 가능성이 있다. 개인 PC에서 관리하는 경우에는 더욱 위험하다. 여러 번 강조했듯이, 악성 코드나 랜섬웨어 등으로 인해 데이터가 손상될 수 있고 이런 경우 복구는 사실상 거의 불가능하다. 담당자의 실수로 데이터가 삭제되었다면 엑셀 '자동저장파일'이 존재하는지 먼저 찾아보자. 대부분 엑셀은 자동저장 설정이 있어서 저장된 폴더를 찾아 가장 최근 작업한 파일이 있는지 확인하는 것이다. 아니면 복구전용 프로그램을 활용하거나 전문 업체의 도움을 받는 것도 좋다. 이와 달리, 기부자 관리 프로그램에서 삭제되었다면 해당 업체에 문의해야 한다. 관리 프로그램은 매일 데이터 백업이 자동으로 이루어지기 때문에 데이터 복구가 훨씬 수월한 편이다. 경우에 따라서 데이터 백업 시간과 데이터가 삭제된 시간 사이에 이루어진 모든 작업을 다시 해야 할 수도 있으며, 프로그램에 따라서는 실시간 자동 백업이 이루어져서 원하는 시점으로 데이터 복구가 가능하기도 하다.

만약 기부자 개인의 데이터 일부분만 삭제되었다면, 남아 있는 연락처 정보를 최대한 활용하여 기부자에게 연락하고 최대한 양해를 구해 다시 입력해야 한다. 삭제된 대로 놔둔다면 이후에 반드시 큰 문제가 발생할 수 있다. 따라서 데이터 삭제는 아주 특별한 경우를 제외하고, 되도록 해서는 안 된다. 대체로 기부자 관리 프로그램에는 사용자 권한에 따라 등급을 나눌 수 있으며, 권한 등급에 따라 삭제 권한 여부를 설정할 수 있는 기능이 있다. 삭제 권한을 주요 책임자에게만 두고 다른 담당자들에게는 삭제 권한을 주지 않는 것도 좋은 방법이 될 수 있다.

- 단체에서 데이터를 삭제해야 하는 경우

기부자의 후원 정보는 언제라도 기부금 영수증을 발급할 수 있도록 잘 보관되어 있어야 한다. 그리고 후원을 중단한 후 일정 기간이 지나면 단체는 데이터 삭제 처리에 관한 의무가 있다. 그러나 현실적으로 삭제 작업이 이루어지기는 쉽지 않다. 단체에서 기부자 데이터는 매우 중요한 정보이며, 언제든지 후원을 할 수 있는 잠재적 기부자들이기 때문에 삭제할 엄두가 나지 않는다. 하지만 무한정 데이터를 간직하고 있을 수 없는 일이다. 개인정보에 대하여 민감한 기부자는 자신의 정보가 계속 남아 있는 것에 불쾌함을 느낄 수 있고, 단체에 강력한 항의를 할 수도 있다. 실제로 어떤 기부자는 오래전에 후원했던 단체 홈페이지에서 다시 후원 신청을 하였는데, 여전히 자신의 기부 내역이 남겨져 있는 것을 확인하고 단체의 개인정보 정책에 관하여 물어보기도 했다.

기부자 데이터 삭제는 매우 신중하게 진행해야 한다. 그렇다고 지나치게 두려워할 필요도 없다. 삭제 처리에 관한 업무 규정이 없다면 우선은 데이터 삭제 처리에 관한 업무과정을 대략 정리하고 부족한 부분들은 보완하면서 진행하면 된다. 그리고 우리가 앞서 콜업무의 재 후원 콜에서 살펴보았듯이 삭제 전에 기부자에게 재 후원을 권유해보길 바란다.

삭제 처리는 다음과 같은 과정으로 정리해볼 수 있다.

① 개인정보관리에 관한 일반적인 법규 정리하기
(개인정보보호 종합포탈 www.privacy.go.kr 참조)

② 법규에 근거하여 기부자 데이터 삭제 처리에 관한 내부지침 마련(업무규정서)

③ 기부자 관리 매뉴얼에 삭제 처리에 관한 내용추가(업무 매뉴얼)

④ 내부지침에 근거한 데이터 삭제 처리기안 작성

⑤ 기부자 통화 안내 및 재 후원 요청(재 후원 콜)

⑥ 데이터 삭제 처리

⑦ 결과보고

3) 기부자 데이터 관리의 실제

대체로 기부자 데이터 관리는 관리 프로그램에서 이루어진다. 엑셀프로그램으로는 수많은 데이터를 실시간으로 처리하기가 어렵다. 사실 관리 프로그램 없이는 대량의 데이터 관리는 거의 불가능하다. 실질적인 데이터 관리를 설명하기 위해서는 관리 프로그램 화면을 자세히 시연하며 해야 하겠지만, 프로그램 보안상의 제한점이 있으며 업체에 따라 차이도 크기 때문에 화면 예시의 한계성이 있다. 그리고 같은 프로그램을 사용해도 단체의 성격과 사용자에 따라 다를 수밖에 없다. 여기서는 본문에서 언급했던 휴먼소프트웨어의 MRM프로그램을 기준으로 기부자 데이터의 주요 구성을 알아보고, 관리 프로그램에서 데이터를 어떻게 기록하고 관리하는지 몇 가지 사례를 소개하겠다.

아래의 표는 기부자 데이터 주요 구성을 MRM프로그램에 맞추어 정리한 것이다. MRM프로그램에는 기부자 관리를 위한 다양한 메뉴가 있지만, 기부자 데이터 관리에 필요한 메뉴만 별도로 선택해서 설명한다는 점을 참고하길 바란다.

기부자 데이터 주요 구성	기부자 세부 데이터 내역	MRM프로그램
기부자 기본 정보	기부자 인적사항	기부자현황
기부자 결제정보	월정기 후원 약정금액 월별 후원금 납부 내역 월별 후원금 미납 내역 CMS 출금신청 / 입금처리 CARD 출금신청 / 입금처리	약정현황 납부현황 미납현황 CMS 출금 CARD 출금
기부자 소통정보	소식지구독내역 기부자 관리기록내역 기부자행사참여내역	소식지구독목록 관리기록목록 행사참여목록

기부자 데이터의 주요 구성은 기부자의 인적정보에 해당하는 '기본 정보'와 정기 후원에 필요한 '결제 정보'가 있으며, 기부자와의 의사소통 과정에서 만들어지는 '소통정보' 등 크게 3가지로 구분할 수 있다. 표에서 보듯이 관리 프로그램은 데이터의 종류에 따라 효율적으로 관리할 수 있게 되어 있다. 기본 정보는 기부자의 요청에 따라 기부자현황에서 최신 정보로 업

데이트하고, 결제 정보는 출금 신청 결과에 따라 입금 정보가 자동으로 업데이트된다. 우리가 관심을 가지고 보고자 하는 내용은 바로 소통정보(기부자 이력 관리)로 앞서 언급했던 기부자 히스토리이다. 소통정보는 기부자 경험에 매우 중요한 영향력을 가진다. 소통정보가 많은 것은 기부자에 관한 많은 정보를 단체에서 알고 있다는 뜻이며, 단체가 기부자에게 다가갈 수 있는 다양한 정보들이 많다는 의미이기도 하다. 기부자 개인과의 긍정적인 소통정보가 많으면 적극적으로 서비스와 모금을 진행할 수 있고, 부정적인 소통정보가 많다면 좀 더 주의를 기울여 기부자를 관리해야 한다.

이러한 소통정보는 기부자와의 신뢰관계를 쌓아가는데 매우 유익하다. 기부자의 불편사항이나 요구사항을 처리한 히스토리를 바탕으로 기부자 서비스를 만들 수 있으며, 새로운 모금 콘텐츠를 제시할 수도 있다. 기부자 소통 관리를 MRM프로그램에 적용해보면 다음과 같다. 아래의 표는 하나의 예시이며, 단체마다 기능을 다르게 사용할 수도 있다. 그리고 한 가지 알아야 할 점은 관리 프로그램을 도입해서 사용하는 경우 주요 메뉴 명칭은 변경할 수 없으므로 메뉴 명칭이 업무 성격과는 조금 차이가 있을 수 있다.

기부자 소통 관리		세부 내용	MRM프로그램
한방향 커뮤니케이션	우편발송 내역	각종 소식지, 감사카드 등 발송 내역	소식지구독목록
	문자발송 내역	기념일 문자, 미납문자 등 문자전송 내역	
	온라인발송 내역	소식지, 행사 안내 등 이메일 발송 내역	
양방향 커뮤니케이션	전화응대 내역	해피콜, 미납콜 등 모든 전화응대 내역	관리기록목록
	기부자참여 내역	기부자 모임 및 행사, 만족도 조사 내역	행사참여목록

　　우편/문자/온라인 발송은 소식지구독목록으로, 전화응대는 관리기록목록으로, 기부자 참여는 행사참여목록으로 관리할 수 있다. 이러한 목록관리는 기부자가 어떤 관리를 받고 있는지 알 수 있게 해주며, 이 모든 내용은 기부자 서비스 영역에 속한다. 기부자 서비스가 훌륭하게 잘 진행되었다고 해도 관리 프로그램에서 자세한 관리 내역이 남아 있지 않으면 알 수가 없다. 모든 기부자와의 의사소통 내용은 관리 프로그램에 기록하는 것이 바람직하다. 예를 들어, 기부자와의 전화 응대 시 이전에 소통했던 정보가 남아 있지 않으면 적절한 대응이 어려운 것처럼, 기부자와의 모든 소통 내용은 관리 프로그램에 남겨야 한다.

　　기부자와의 소통 내용을 입력할 때는 구술식이나 서술식으로 입력하지 않도록 하자. 입력할 내용은 간단명료해야 하며 단시간에 직관적으로 이해할 수 있어야 한다. 여기서 관리 프로그램에서 사용하는 모든 입력내용을 보여주기에는 무리가 있으니 몇 가지 사례를 통해 기본적인 방법을 이해하도록 하자. 아래 화면은 가상으로 만든 MRM 소식지구독목록의 예시이다.

보다시피 목록에는 해외PF 우편물, 메일 발송, 문자발송 등 다양한 내역이 남겨져 있다. 기부자에게 발송된 소식지 목록들을 보면서 기부자가 후원하는 동안 어떤 정보들을 받았는지 한눈에 볼 수 있다. 여기서는 대괄호 '[ ]'를 사용 하여 주요업무 카테고리를 구분하였는데, 이처럼 기호를 사용하여 보기 편하도록 처리하는 것도 좋다.

소식지구독목록에서 제목을 클릭하면 자세한 내용을 위 화면처럼 볼 수 있다. 대체로 관리 프로그램에는 일괄 등록기능이 있어서 수백 명 이상에게 발송된 내용을 한 번에 등록할 수도 있다.

아래의 화면은 MRM 관리기록목록의 예시로 기부자와의 전화응대 내용을 담고 있다. 제목이 대체로 잘 정리되어 있지만 조금 더 개선해 본다면 다음과 같이 수정할 수 있을 것이다.

제목	수정 전	2월 5일자 CMS 미납 TM(3개월)
05월 05일 CMS미납TM(6개월)	수정 후	02월 02일자 CMS 미납 TM(3개월)
2월 5일자 CMS미납TM(3개월)	월 단위와 일자는 두 자릿수이기 때문에 한 단위 숫자 앞에 '0'을 붙여주면 목록을 볼 때 훨씬 편하게 볼 수 있다.	
10월 5일자 CMS미납TM(6개월미납)		
20160905 재출금일 8일 변경자	수정 전	7월 5일자 CMS 미납 TM(3개월미납)
7월 5일자 CMS미납TM(3개월미납)	수정 후	07월 05일자 CMS 미납 TM(3개월)
	중복되는 '미납' 단어를 삭제하고 한 자리 단위 월/일자 앞에 '0'을 붙였다.	

기부자와의 소통 관리뿐 아니라 관리 프로그램에 입력하는 모든 정보는 일관성을 가지도록 해야 한다. 여기서 일관성은 입력규칙이 같아야 한다는 뜻이다. 담당자마다 입력 형태가 다르거나 같은 담당자라도 상황에 따라 다르게 입력하면 데이터 관리의 일관성은 떨어지고 원하는 데이터를 확인하기 어려워진다. 특히 서비스나 모금을 위해 데이터를 추출할 때 원하는 데이터 추출이 불가능할 수 있고, 데이터가 아무리 많아도 활용할 수 있는 데이터가 거의 없게 된다. 반드시 기부자 정보만이 데

이터로서의 가치를 가지는 것은 아니다. 담당자가 입력하는 모든 것이 중요한 데이터가 될 수 있다는 사실을 기억하자. 물론 관리목록에 입력되는 문구 형태가 조금 달라진다해서 당장 기부자 관리 업무에 심각한 문제를 일으키는 것은 아니다. 그러나 시간이 흘러갈수록 다른 데이터에도 영향을 주게 된다. 단어 하나, 문구 하나를 입력해도 일관성이 유지되도록 노력하는 것이 데이터 관리의 핵심이다.

| 정리하며

Basic step에서 기부자 데이터 관리를 별도로 다룬 이유는 상당히 많은 단체에서 관리 프로그램을 어떻게 사용해야 할지 모르고 있고, 데이터 관리에 대한 이해가 부족함을 보았기 때문이다. 되도록 많은 정보를 관리 프로그램에 입력하여 기부자 관리나 모금에서 활용해야 함에도 그렇지 못하고 있다. 데이터 관리가 잘 되면, 기부자 관리가 잘 될 수 있고 기부자 모금도 좋은 결과를 얻을 수 있다. 데이터 관리가 잘되지 않은 상황에서는 기부자를 대상으로 할 수 있는 일들이 많지 않다. 이는 기초가 부족한 상태에서 고급단계의 문제를 풀 수 없는 것과 같다. 이제부터라도 기본적인 데이터 관리 원칙들을 하나씩 세워가면서 기부자 정보를 잘 축적해 나가도록 하자. 앞에서 "관계의 질은 의미 있는 시간의 양과 비례한다."라고 언급한 적이 있다. 데이터 관리에 적용하여 말하자면 기부자 관리와 기부자 모금의 결실은 정확한 데이터의 양과 비례한다고 할 수 있을 것이다.

기부자 모금 진행 계획서

_____ 팀 담당 _____

어떤 방법으로 할 것인가?

이메일 { 강점
        { 약점

모바일 { 강점
        { 약점

전화 { 강점
      { 약점

누구에게 할 것인가?

┌ 기부자그룹 A   ┌ 기부자그룹 B
  :   :
                    ┘   ┘

┌ 기부자그룹 C   ┌ 기부자그룹 D
  :   :
                    ┘   ┘

⌗ 어떤 컨텐츠로 할 것인가?

A사업 _____ **세부스토리** _____
_____
_____

B사업 _____ **세부스토리** _____
_____
_____

⌗ 어떻게 피드백 할 것인가?

시기	방법

MEMO

- ☐
- ☐
- ☐
- ☐
- ☐